秦汉书牍研究

郭炳洁 著

本书得到河洛文化国际研究中心『河洛文化』重点学科以及科研专项经费、河南省高等学校哲学社会科学创新团队支持计划（2020—CXTD—04）的资助

科学出版社

北京

内 容 简 介

书牍是人际沟通的工具，负载着丰富的历史信息。20世纪初以来，秦汉书牍的大量出土补充了传世文献的记载，增加了书牍材料数量。本书以出土文献和传世文献中的书牍为研究对象，将其放置在秦汉历史背景下，通过对书牍文本内容和写作载体的分析探讨，考察书牍内容、形制、功能的特征及内在要素的变化，揭示其蕴含的人际交往、民众精神以及社会发展状况，以理解新兴地主阶级政权建立初期秦汉社会的国家治理、民众生活世界和社会风貌。

本书可供从事中国古代史、中国古代文学史研究工作者，以及中国传统文化爱好者阅读。

图书在版编目（CIP）数据

秦汉书牍研究 / 郭炳洁著. —北京：科学出版社，2019.7
ISBN 978-7-03-061927-3

Ⅰ. ①秦… Ⅱ. ①郭… Ⅲ. ①书信-研究-中国-秦汉时代 Ⅳ. ①K820.32

中国版本图书馆 CIP 数据核字（2019）第 158032 号

责任编辑：王 媛 赵云杰 / 责任校对：韩 杨
责任印制：张 伟 / 封面设计：润一文化
编辑部电话：010-64011837
E-mail:yangjing@mail.sciencep.com

科 学 出 版 社 出版
北京东黄城根北街 16 号
邮政编码：100717
http://www.sciencep.com

北京中石油彩色印刷有限责任公司 印刷
科学出版社发行 各地新华书店经销

*

2019 年 7 月第 一 版 开本：720×1000 B5
2020 年 1 月第二次印刷 印张：12
字数：197 000
定价：87.00 元
（如有印装质量问题，我社负责调换）

目　　录

绪论　学术史的梳理与秦汉书牍概念、名称……………………1

第一章　先秦时期书牍的源流…………………………………21

第二章　秦汉日常交往领域的书牍……………………………28

　　一、日常书牍……………………………………………29
　　二、社交礼仪书牍………………………………………42
　　三、教诫书牍……………………………………………51

第三章　秦汉非日常交往领域的书牍…………………………59

　　一、非日常交往领域书牍的种类………………………59
　　二、民众进入非日常交往领域的原因…………………71
　　三、非日常交往书牍性质辨析（以吏民诣阙之章为例）………74

第四章　秦汉书牍形制的特征…………………………………95

　　一、整齐划一的简牍长度………………………………95
　　二、长短不一的书牍篇幅………………………………98

第五章　秦汉书牍的功能………………………………………108

　　一、实用性功能…………………………………………108

二、立言功能 ·· 110

三、干禄功能 ·· 112

四、礼仪功能 ·· 113

五、建构人际关系功能 ······································ 115

第六章　书牍与秦汉民众精神世界 ························ 118

一、强烈的政治社会参与意识 ····························· 118

二、世俗化的情感追求 ······································ 123

三、变化的信仰世界 ··· 127

四、士人退守的人生价值取向 ····························· 130

第七章　书牍与秦汉民众社会交往 ························ 133

一、遵循礼仪交往原则 ······································ 133

二、钱物在人际交往中的纽带作用 ······················ 137

三、民众身份地位的相对齐等 ····························· 140

四、运用书牍交往的规范性 ································ 145

第八章　书牍与秦汉社会状况 ······························· 147

一、社会整体文化水平提升 ································ 147

二、社会人口流动频繁 ······································ 157

三、商品经济发展 ·· 166

参考文献 ··· 173

附录　从书信落款"顿首"看李陵《答苏武书》真伪 ········ 181

绪论　学术史的梳理与秦汉书牍概念、名称

一、国内外研究现状

（一）文学领域中的研究状况

　　魏晋时期，随着各种文体创作经验的积累，文学自觉的时代到来，出现了专门对各类文体的特点以及产生、发展和流变进行研究的文体学著作与对文章进行分类编辑的文集，书牍文作为文体的一种受到重视。第一部按文体区分的著作是南朝梁代萧统的《文选》，其上书类、书类中有秦汉书牍作品的收录。萧统所选书牍是具有极强文学感染力的作品，如邹阳《狱中上书自明》、司马迁《报任安书》等名篇。同时代刘勰的《文心雕龙》作为第一部系统论述文体分类的著作，阐释了书牍的源流、文体特征，以及前代名篇的风采。刘勰在论述书记类文体渊源流变时指出，奏启类的公文是战国以后出现、从书记类中分支出来的部分，指出秦汉书牍品名的流变情况。①

　　新文化运动以后，白话文的兴起、新思想的出现使传统书牍作品丧失了用武之地，一部分具有深厚传统文化特色的文人对书牍文化无限留恋，促使这一时期出现大量专门研究书牍的作品。周作人在《语丝》等杂志上曾先后发表了《日记与尺牍》《关于尺牍》《再论尺牍》等专论性的文章，表达了对文言尺牍的无限眷恋。周作人曾把书牍分为"书"和"信"两部分，认为"大

---

① （南朝梁）刘勰著，黄叔琳注，李详补注，杨明照校注拾遗：《增订文心雕龙校注》卷5，北京：中华书局，2012年，第349～353页。

抵书乃是古文之一种，可以收入正集者，其用处在于说大话，以铿锵典雅之文词，讲正大堂皇的道理"，"尺牍即此所谓信，原是不拟发表的私书，文章也只是寥寥数句，或通情愫，或叙事实，而片言只语中反有足以窥见性情之处"。①朱光潜将秦汉至明朝的书牍演变分为五个时期，论述了每个阶段书牍的文风；将书牍文风的演变划分为三派：一是古文派，二是骈俪派，三是帖札派。②1940年2月到12月，《自修》杂志分四十六辑连载的郑逸梅的《尺牍丛话》是尺牍研究史料汇编，该书以笔记的形式介绍了诸如尺牍名称的起源、尺牍中的称谓、有哪些尺牍范本可供参考、民国流行哪些名人的信札，等等。作者纵横古今、娓娓道来，全面介绍了尺牍的相关知识。③1946—1947年，书简杂志社在重庆主办的《书简杂志》"以研究书简应用文，提供发表各种书简为宗旨"，专门将书牍作为研究对象。虽然该杂志只存在了一年，但是其地位在书牍的研究史上却不容忽视。它首次转变视角，主要考察了书牍的应用功能，并发表了一些有关书牍的研究文章。刘后晨的《书简源流考》是一篇全面考察书牍各要素的文章，包括书简名称、起源及其发展、体例之变迁、字体、用纸及折叠式样、函封、忌讳、未来之趋势。由于内容涵盖面广、时间跨度大，论述有些简单，部分观点限于材料不够严谨。但是，书简研究的视野有所扩展。④刘后晨的另一篇文章《书简研究》，从书牍应用途径入手分别论述民国时代慰唁类、请托类、劝诫类、索借类书牍的特点以及如何写作。其分类标准紧扣书牍的应用属性，眼光独到。⑤锡九在论述书简与文学的区别时，指出："书简在某一方面，向文学提供了许多素材，原料""书简不是文学""成为通行到文学之路的桥梁"。⑥这一时期一般以书牍的整体状况为研究对象，时间跨度较大，共性的研究对理解秦汉的书牍状况有一定借鉴意义。

中华人民共和国成立以后，秦汉书牍主要是古代文体史和文学史研究的对象。关于20世纪80年代文学领域对书牍文的研究概况，李新科在《汉代

---

① 周作人：《周作人书信》，北京：北京出版集团公司、北京十月文艺出版社，2011年，第1页。
② 朱光潜：《艺文杂谈》，合肥：安徽人民出版社，1981年，第161~174页。
③ 文章于2004年辑录成书出版。郑逸梅：《尺牍丛话》，上海：上海古籍出版社，2004年。
④ 刘后晨：《书简源流考》，《书简杂志》1946年第2期，第2~3页；1946年第3期，第4~5页。
⑤ 刘后晨：《书简研究》，《书简杂志》1947年第9期，第7~8页；第10期，第7~8页；第11期，第8~9页。
⑥ 锡九：《书简与文学》，《书简杂志》1946年第6期，第2页。

书牍文研究综述》一文中有详细的综述。作者总结汉代书牍研究的特点:"大部分对书牍文的源流,汉代书牍文的艺术特色等关注较多,对汉代书牍文的体制、文化内涵等方面关注不够,这是由于他们多未能把传世文献与出土实物相结合而造成的。"文中特别指出熊礼汇《先唐散文艺术论》对东汉书牍文研究对象的拓展具有的重要意义,以及赵树功《中国尺牍文学史》对书牍文研究的价值。①需要补充的是:第一,20世纪80年代后的文学史对书牍文价值和应用功能越来越重视。如马积高、黄钧主编的《中国古代文学史》(上)1992年版中还没有秦汉书牍内容,2006年第二版时加入了秦汉书牍体散文的内容。第二,褚斌杰的《中国古代文体概论》一书中明确界定了书牍文的范围,指出:"古代臣下向皇帝陈言进词所写的公文与亲朋间往来的私人信件,均称为'书'。因此,古代以'书'名篇的文字,实包括两种文体。为了加以区别,一般把前者称为'上书'或'奏书',属公牍文的'奏疏'(亦称'奏议')类;后者则单称'书',或称为'书牍''书札''书简',属应用文的'书牍'类。"②作者对书牍文范围的界定遂成为文学领域研究书牍作品范围的不刊之论,但与古代其他文体论及《文选》对书牍文范围的界定有很大出入。赵树功在《中国尺牍文学史》中指出:"秦汉之际,尺牍逐步完成了向私人化的过渡,由于和源头相近,从而更易开风启源,一切都无套子、无束缚,后世不少内容的尺牍,多能在汉代寻到根。"③他认为:中国古代书信的基本作用,表现为信息传递与信息交流;其审美特性在信息交流中生成、发展,用与美的结合是书信的重要特征。④柏秀叶的《汉魏六朝书信体散文论》一文,专门考察汉魏六朝书信体散文的演变轨迹、题材内容、艺术特色及文学史影响等方面。⑤

对单篇书牍研究主要集中在少数名篇佳作上,如司马迁的《报任安书》。《报任安书》不仅是了解司马迁思想的重要文献,更是散文名篇,相关研究成果丰硕,主要从思想情感、词汇语法、文献价值等方面对其进行研究;李

---

① 李新科:《汉代书牍文研究综述》,《周口师范学院学报》2007年第3期,第105~106页。
② 褚斌杰:《中国古代文体概论》(增订本),北京:北京大学出版社,1990年,第387页。
③ 赵树功:《中国尺牍文学史》,石家庄:河北人民出版社,1999年,第85页。
④ 赵树功:《尺牍之用》,《河北大学学报(哲学社会科学版)》2003年第1期,第50~53页。
⑤ 柏秀叶:《汉魏六朝书信体散文论》,山东师范大学硕士学位论文,2001年。

陵的《答苏武书》，此书牍的真伪问题是学术热点。《史记》《汉书》都未收录李陵书牍，它最早出现在梁代萧统的《文选》中。自南朝宋学者颜延之对其真实性进行质疑后，围绕其真伪问题的聚讼一直到现在都没有统一的结论。另外还有杨恽的《报孙会宗书》，秦嘉夫妇互通的书牍也受到学者的关注。

近年来，随着古代文学研究学术观念的变化，即"古代文学由单纯的价值判断而转向文学事实的清理，也就是由主观框架的设施而向客观历史的回归"①，文学研究开始注重对历史文献的研究和整理，立足中国古代文学的实际形态成为一些学者的自觉追求。具体到秦汉书牍研究，有朱进国的《秦汉魏晋南北朝书信赏析》一书，选取秦汉时期的书牍七篇，紧扣作者的情感世界对其进行文学性、艺术性品鉴的同时，还进行详细注疏、考证和研究，揭示文人心态和知识者情怀。②何志军的《汉代应用文文体形态略论》，把握中国古代文体往往兼具实用与审美的特点，将书牍文作为日常应用文的文体之一，对其进行了全面的考察；同时，将汉代的应用文体放置在秦汉儒学兴盛与礼制发展的社会背景下，揭示后者对前者的影响，体现了作者力图从历史事实和历史文献本身出发对秦汉应用文体研究的思路。③

（二）历史学领域中的研究状况

与文学关注史料的情感因素、美学价值等不同，历史学者注重史料本身及其传递的时代信息。传世文献中书牍数量有限且主要是以情感交流为主，除个别书牍受到关注外，其他很难进入史学家的视野。

近年来，随着思想史研究对象逐渐从经典思想家身上扩散开去，更多的史料纳入研究范畴，书牍的史料价值受到关注。葛兆光在谈到中国思想史的写法时指出："当思想史真的改变了自己的叙述角度和观察框架，把过去并不那么精英和经典的文本也当做构筑思想史语境的资源，那么，那些平时不被重视的信札、书画、年历、日记、公文、广告以及其他的种种资料，就会进

---

① 于迎春：《汉代文人与文学观念的演进·总序》，北京：东方出版社，1997年，第1页。
② 朱进国：《秦汉魏晋南北朝书信赏析》，银川：阳光出版社，2013年。
③ 何志军：《汉代应用文文体形态略论》，中山大学博士学位论文，2003年。

入思想史的视野。"①孙家洲指出，司马迁《报任安书》、邹阳《狱中上梁王书》、李陵《答苏武书》、杨恽《报孙会宗书》、李固《遗黄琼书》中蕴含了性情之美，"书札散文，风姿各异，皆以真性情而感人"②。每一封信牍，都能体现致书人的真实思想、情感，都有它的价值所在。

有学者从历史长时间段探讨书牍类别及构成的演变，以期揭示书牍礼仪系统化的发展轨迹。梁满仓指出：先秦时期，无论是臣答君的回信，还是臣子之间的通信，都一律称书。秦汉时，皇帝给臣下的书称为"诏书""赐书"，臣下给皇帝的书称为"上书""上奏"，加"上"字强调以卑达尊之意。另外，还有"表""章""笺"。各种类别的书信可分为公文和私信两大类。③吴丽娱在《唐礼撷遗——中古书仪研究》第三章"表状笺启书仪探源"中论述书仪的渊源时，论及秦汉的尺牍之学。作者把秦汉尺牍之学放在魏晋隋唐官场书仪发展的源流中考察，指出秦汉尺牍与唐代表状笺启书仪之间的源流关系，更多地关注了秦汉尺牍的官文书特征，并从这一角度论述尺牍的书法、制度、文笔修辞。④

20世纪以来出土的秦汉简牍中包含了大量保持原始风貌的书牍，给秦汉书牍研究带来契机。早在20世纪三四十年代，老一辈学者就注意到这些材料。陈槃在《汉晋遗简偶述》中对简牍实物书牍文书条疏举例，如"书疏称记""书启称死罪""书启称不备不具""汉晋人书启不定作八行"等，论述汉代书牍的名称、语言、书写习惯等。⑤陈直《两汉书札的形式》一文结合出土汉简，对汉代书牍称谓的变化、书牍名称与变化以及书牍的上下款式进行研究。⑥

近年来，简牍学等对简牍形制以及官文书制度的探讨为我们理解秦汉书牍形制、封检、传递方式等提供了可供参考的背景知识，它们有大致相同的书写材料、时代文化背景。李均明、刘军所的《简牍文书学》一书，较系统、全面地阐述了简牍文书的一般规律，是进行简牍乃至相应时代历史研究的基

---

① 葛兆光：《七世纪至十九世纪中国的知识、思想与信仰》，上海：复旦大学出版社，2000年，第41页。
② 孙家洲：《插图本中国古代思想史·秦汉卷》，南宁：广西人民出版社，2006年，第270页。
③ 梁满仓：《论秦汉魏晋南北朝书信的类别及其构成的变化》，《江海学刊》2014年第5期，第148~153页。
④ 吴丽娱：《唐礼撷遗——中古书仪研究》，北京：商务印书馆，2002年，第68~82页。
⑤ 陈槃撰：《汉晋遗简识小七种》，上海：上海古籍出版社，2009年，第26页。
⑥ 陈直：《居延汉简研究》，北京：中华书局，2009年，第149~153页。

础。书中对简牍文书的质材、文字符号、版面、分类等进行了详尽的考述；对不同文书进行了分类研究，其中书檄类中私记为私人信件，内容不乏公务内容，多用敬语、谦语。①汪桂海的《汉代官文书制度》一书，充分利用传世文献和考古资料，对秦汉官文书的类别、结构程式、特定的文书用语、避讳和抬头、运行和管理等进行了全面、系统的综合性研究。②

对出土书牍进行整理、校释的有：杨芬的博士学位论文《出土秦汉书信汇校集注》，对已公布的睡虎地秦书信、天长西汉书信、敦煌汉代书信、居延汉代书信、东牌楼东汉书信以及张家界古人堤东汉书信进行全面的汇校集注，并对秦汉书信的形制、版面、结构与惯用语等进行专题论述。③马怡对《侈与督邮书》的文字重作释读并加以考证，对其所涉及的汉代书信格式和形制等进行了探讨。

结合简牍学、历史学对书牍进行阐释的有：陈兰兰在对秦汉简牍私文书的研究中将私人信件作为重要的组成部分，梳理出汉代简牍中私人信件的种类、发展特征以及其中所反映的社会问题。④张蕊的《出土汉代简帛私人书信研究》，对汉代私人书信的格式、常用语、自称，以及书信中关涉的"书""记"、《侈与督邮书》的释字等问题进行专题研究。⑤孙春叶的《西北书信汉简研究》，在对西北简牍书信内容分类的基础上，对书信内容、书信称谓进行论述，并对书信中所见的饲养牲口的草料——"茭"、运输业"僦"和从事运输业的"僦人"问题进行全面的分析解读。⑥彭砺志的《尺牍书法——从形制到艺术》是一篇将尺牍文献与尺牍书法结合研究的佳作，作者将尺牍书写载体、样式与书法艺术看作是不可分割的整体，从其实用性形制入手，通过对形制与艺术之间互动关系的历时性考察，揭示尺牍书法艺术的发展规律及其对中国书法发展走向的影响。作者对秦汉尺牍结构用语、书写形制、平阙制度等进行深

---

① 李均明、刘军：《简牍文书学》，南宁：广西教育出版社，1999年，第268～271页。
② 汪桂海：《汉代官文书制度》，南宁：广西教育出版社，1999年。
③ 杨芬：《出土秦汉书信汇校集注》，武汉大学博士学位论文，2010年。
④ 陈兰兰：《汉代简牍中的私文书研究》，吉林大学硕士学位论文，2004年。
⑤ 张蕊：《出土汉代简帛私人书信研究》，首都师范大学硕士学位论文，2011年。
⑥ 孙春叶：《西北书信汉简研究》，郑州大学硕士学位论文，2016年。

入分析,揭示了尺牍具有的文本及书法双重内涵。作者将一切用于往来通信的书面文字(包括公私尺牍)皆作为"尺牍"的定义,拓宽了尺牍的研究范围,为我们从历史学的角度研究书牍提供了有益的参考。[①]

二、本书学术意义、研究思路及框架

(一)学术意义

首先,书牍是以文字为媒介进行人际交流的工具。它以特定的形式、语言实现民众之间的信息传递、情感交流和礼仪交往。书牍是了解过往历史的钥匙,通过它,我们可以更为真切地感受到社会交往中人的行为特征、思想面貌以及相关的社会问题。与书牍有关的称谓是一个随着历史发展,名称与文化内涵不断发生变化的词汇,呈现出多样性的特征,如尺牍、尺素、尺翰、书牍、书札、书简、书启等。长期以来,秦汉书牍一直在文学研究者的视域范围内。以现代文学观念去探究秦汉书牍时,只有那些具有文采,能够传递美感的作品才会进入研究者的视野,如司马迁《报任安书》、杨恽《报孙会宗书》、秦嘉夫妇互通的情书等。很多实用性质的书牍因不具备审美属性而被摒弃在研究之外,其中蕴含的丰富历史信息湮没无闻。其次,书牍是文书的一种,"文书,是指社会组织或个人在各自活动中用来记录和传递信息的书面文字形式"[②]。书牍不仅是宣情达意的工具,更是交往主体进行社会交往的工具。社会交往不是在真空中进行,它是以"生活世界"作为背景,"生活世界"中的政治、经济、思想文化、社会习俗等因素是书牍内容的活水源头,也只有将书牍放置在广阔的时代背景中,才能全面揭示其内涵和价值。

书牍自产生之后,随着时代的发展,政治、经济、文化生活的变化,每个历史阶段都有自己的特点。笼统地、不加辨析地运用后世的概念描述秦汉书牍的状况,有悖唯物主义的历史主义基本原则。本书从历史学、文献学以及社会学的角度出发,将书牍作为历史事物考察,放置在秦汉的时代背景中,

---

① 彭砺志:《尺牍书法——从形制到艺术》,吉林大学博士学位论文,2006年。
② 姬瑞环、张虹编著:《公文写作与处理》,北京:中国人民大学出版社,2005年,第6页。

确立秦汉书牍研究框架结构,考察其本身及其相关的社会现象。本书将秦汉书牍放置在秦汉四百多年历史发展的长河中,考察其概念、内涵范围、文献分类、形制特点、内容功能,以及其中反映的秦汉民众的精神世界、社会交往和当时社会发展状况等内容。

本书有助于我们了解秦汉社会状况和揭示社会结构变化。近年来,社会史研究是历史研究的热点。马新、齐涛指出:"所谓社会史,就是研究特定时期或整个历史时期特定地区的人与人之间、人与群体之间以及群体与群体之间的关系和行为模式,研究上述关系的演进及其所存续的外在环境的交换状态,进而揭示社会发展的内在轨迹。"①书牍是人们运用书面语言进行人际交流的方式,是实际交往状态的模拟、演示与延伸,是社会史研究的素材。检索近年来秦汉史领域社会史著作与论文,研究者在秦汉时期人们婚丧嫁娶、衣食住行、风俗习惯、家庭宗族等方面都取得了可喜的成果,而关注人们动态的社会交往活动是薄弱环节,本书在这方面可起到补充作用。

本书的研究视角可发掘书牍本身所具有的史料价值。《汉书》中收录了大量有系于政事的应用文,书牍就是其中之一。赵翼指出:"今以《汉书》各传与《史记》比对,多有《史记》所无而《汉书》增载者,皆系经世有用之文。"②葛兆光指出,如果思想史改变了自己的叙述角度和观察框架,信札、书画、年历、日记等资料,就会进入研究视野。③20世纪出土的秦汉简牍中包含大量的书牍资料,与传世文献相结合,如果我们不拘泥于文学审美的眼光,那么已经有足够的史料可以使我们将秦汉书牍作为研究对象,问题的关键是如何改变过去习惯的叙述方式,去吸纳和解释这些资料。转换审视的视角,从历史学、社会学、文献学的角度对秦汉书牍进行研究,书牍的史料价值能更好地被利用。

本书有助于推动秦汉官文书研究进一步深化。随着20世纪初以来秦汉简牍大量出土,利用简牍资料研究秦汉官文书取得了丰硕的成果。众所周知,汉承秦制建立了专制主义中央集权的国家,为了巩固政权,汉政权抛弃了秦朝国家与社会彻底分离、国家统治社会的统治模式,提倡家国同构,吸收社

---

① 马新、齐涛:《关于中国古代社会史研究中的几个问题》,《文史哲》2006年第4期,第57页。
② (清)赵翼著,王树民校证:《廿二史札记校证》,北京:中华书局,1984年,第30页。
③ 葛兆光:《七世纪至十九世纪中国的知识、思想与信仰》,第41页。

会力量参与国家治理。这样,政府的文书系统中,在以政府为主体运行的公务文书之外,还有少量以社会力量为主体,主要以自下而上方式与地方行政长官、中央公卿乃至皇帝沟通的文书。笔者认为,后者与前者不是同一性质的文书,它不是公文,而是人际交流的书牍,与亲友之间的书牍往来性质一致。仔细分析秦汉文献会发现,在具体的文书运作中,由吏民写成、需要诣阙呈递的章在写作程式、传送途径、回复方式等方面与奏、表、议截然不同。只有理解了两者的不同,在具体的研究中才不至于将之混淆。

本书可以解读秦汉民众精神世界以及交往活动。作为人们以书面形式交往的工具,书牍是人们心声最接近真实的流露,其不仅能反映人们的性情世界,而且能反映人们的交际方式、社会的礼俗风情。通过书牍,我们可以了解丰富多彩的秦汉民众的精神世界,了解民众人际交往的状态,以理解经历春秋战国社会变革后,新兴地主阶级政权建立对民众的治理状况。

(二)研究思路

本书在充分吸收前人已有研究成果的基础上,通过搜集更为广泛的文献与考古资料,运用历史学、社会学、哲学等相关学科的理论和方法,从历史学、社会学、文献学的角度对秦汉书牍材料进行深入细致的整理、分析;解读秦汉书牍的文献学分类、书牍的形制诸要素特征、书牍的内容特征和功能,以及书牍中反映的秦汉民众精神世界、社会交往与社会状况。本书在对秦汉书牍进行研究时,一方面将其放置在当时社会大背景下进行考察,把握书牍与秦汉社会互动的关系;另一方面,重视秦汉书牍自身的发展和演变。

(三)本书框架

本书主要由以下几部分组成:

绪论部分对秦汉书牍进行学术史梳理,分析选题的意义,确定研究思路和框架,解释书牍概念,对书牍分类进行说明,并考证秦汉时期书牍的称谓。

第一章考证先秦书牍源流。对先秦时期书牍的起源发展进行探析,揭示随着私人领域的发展,书牍逐渐从公文中分离出来并自成一体的发展轨迹。

第二章、第三章、第四章和第五章是对秦汉书牍的整体研究。第一，运用文化哲学的研究成果，将书牍分别放置在日常交往领域与非日常交往领域中分类。日常交往书牍主要应用在以血缘和天然情感为纽带的亲人和朋友之间，包括日常性的情感信息交流、请托、赠物等书牍；应用于社交礼仪中的庆贺、吊丧、送行、问疾、介绍和报等书牍；专门以劝勉、教诫他人为旨趣的教诫书牍。非日常交往书牍是民众就政治生活中的事宜与各级行政长官乃至皇帝交流的书牍，包括关系国家事务的书牍和关系个人事务的书牍。由于传统观念认为非日常交往书牍为公文，在对其分类之前，本书以吏民的诣阙上书为例进行了辨析：首先指出汉代"家国同构"的治国理念以及汉代国家鼓励民众进言进谏的制度，为民众进入非日常交往领域提供了条件；其次从现代公文概念、文体学著作、文体类别、交付渠道、回复方式等方面考察吏民诣阙上书与公文性质不同，应属于书牍。第二，对书牍形制进行分析。形制指书牍在交际过程中形成的某种约定俗成的制作和书写样式，首先表现为出土的长短不一的简牍中，吏民书牍均使用长度为一尺的牍为载体，这也是后世称书信为"尺牍"的由来。根据传世文献的记载，皇帝使用的是尺一牍。其次一般情况下，日常交往领域的书牍篇幅简短，而非日常交往领域的书牍篇幅不限。最后秦汉书牍具有相对固定的格式及格式用语，由称谓、提称、具礼、祝愿词以及下款中的具礼组成，其中由尊称与具礼共同构成的示敬方式，秦汉间经历了形式由相对单一到逐步多样化的变化。第三，阐述书牍承担的功能。作为应用文体，实用性功能是第一位的，秦汉书牍在实现最基本的传递信息、交流情感、处理问题这些实用性功能的同时，还承担有益于世道人心、个体扬名的立言功能，实现阶层提升的干禄功能，礼尚往来的礼仪功能，以及在地缘、职缘范围内建构人际关系等功能。

第六章、第七章和第八章考察书牍反映的秦汉民众精神世界、人际交往以及社会发展状况。在对书牍分类、形制特征及功能研究的基础上，本书从以下三个方面进行阐释：第一，民众的精神世界方面：①体现出秦汉民众强烈的政治社会参与意识，这从众多的吏民诣阙上书奏记和教诫书牍中可以体现出来。民众通过积极参与政治生活和社会生活，实现自身的人生价值，这是秦汉时期各项制度以及思想文化等共同作用的结果。什伍连坐制度将民众建构成利益共同体，相互之间必须负有责任义务。选官制度中的征辟"直言极谏",允许"自衔鬻"等为民众参与政治提供条件。忧患意识是秦汉民众政治社会参与意识的文化心理基础,忧患意识已经深深扎根于民众特别是知识分子心中。秦汉一系列制度保障了民众参与政治的实现。②"善毋恙""加餐饭"等祝愿词,以及对身体无忧、努力享受美食美酒的向往,反映出秦汉民众追求现世安稳的世俗化追求。这与秦汉经济发展、民众功利主义价值取向的历史背景息息相关。③"毋恙""善毋恙"属于辟邪祈福的吉语,反映出民众的巫术信仰。东汉中期以后这一类词语逐渐消失,是民众巫术信仰逐渐萎缩的表现。这是东汉中后期,道教、佛教等宗教发展,日益挤压巫术生存空间的结果。④东汉后期部分士人产生退守的人生价值取向,是东汉后期政治黑暗、士人仕途受阻的结果。第二,民众的社会交往方面:①书牍形制和内容体现出秦汉民众在社会交往中遵循一定礼仪原则的特征。秦汉书牍格式体现出"礼敬"原则,书牍称谓遵循"卑己尊人"的原则,书牍交往遵循"礼尚往来"的原则。这是秦汉政治制度和历史文化共同作用的结果。②涉及钱物的内容在书牍中经常出现,反映出钱物在秦汉民众社会交往中的重要纽带作用。钱物是礼仪交往活动的重要载体,民众通过钱物进行互助性交往、情谊表达,是战国以来民众冲破血缘关系的束缚,在广阔的地缘关系、职缘关系范围内建构人际关系的重要手段。③书牍载体尺牍的使用以及称谓、具礼、尊称等在各个阶层、地域的统一性特征反映出秦汉民众社会身份地位的相对齐等。齐民是秦汉新兴地主阶级政权对人们身份重组的结果。东汉后期,拜礼与尊称出现等差性,受书人的社会地位或者致书人与受书人的关系决定了拜礼的等次、尊称的轻重,反映出人们身份由等齐向尊卑差次逐渐演变的社会现象。④民众在使用书牍交往方式上的规范性。汉代民众日常交往书牍信息量小,话题内容局限在日常生活领域内,而非日常交往的书牍往往信息量大,话题内容涉及致书人在政治中的遭遇、国家政治等,反映出政治力量对民众社会交往的影响和控制。第三,社会发展状况方面:①书牍在社会各阶层特别是下层民众中的广泛使用,反映出秦汉社会整体文化水平的提升。②书牍的使用反映出秦汉官吏、民众、学子等各个社会阶层社会流动的频繁。③书牍的内容反映出秦汉商品经济繁荣发展,民众生活与商品经济息息相关的社会现实。

附录内容是运用本书研究成果,对千年来聚讼纷纭的李陵《答苏武书》

真伪问题进行探讨，为问题的解决提供独特视角。根据对西汉书牍书写习惯、格式语言的分析，本书认为李陵《答苏武书》的写作篇幅、下款具礼中的"顿首"不符合西汉书牍的特征，得出该书牍为伪作的倾向性结论。

三、书牍的概念、类别的界定及秦汉书牍的名称

（一）书牍的概念及类别的界定

秦汉是各种文体发展分化的时期，清晰的文体边界还没有完全形成，公私文书还有一些模糊性，由凡是书写于竹帛上的文书统称为"书"可见一斑。《说文解字》云："书，著者也。"段玉裁注曰："书者，如也，著于竹帛，非笔末由矣。"①《释名》："书，庶也，纪庶物也。亦言著之简纸，永不灭也。"②本书对书牍概念的界定舍弃了传统的依据文章风格、体裁和式样的文体学定义的观点，认为书牍是致书人以个人身份，代表个人意志与他人进行信息传递、情感交流的文书，具有私人化、隐秘性的特点，内容包括公私事务。

书牍是人际交往的工具。人的存在离不开社会，社会是由不同的人组成的，人只有在与他人的相互联系中才能成为社会的人。交往是社会中人存在的普遍状态，"所谓交往是指人的世界中共在的主体间通过语言符号系统或操作活动系统而建构起的'主体—主体'结构，是指诸主体的主体间性的展开。换言之，所谓交往就是共在的主体之间的相互作用、相互接触、相互交流、相互沟通、相互理解"③。交往是人的基本存在方式，其活动以生活世界为背景，"达至相互理解的交往行动并不是在真空内进行的，在其背后，必然存在着与交往行动形成互补的背景，这一交往背景内涵是生活世界的内容规定性之一"④。

20 世纪末以来，对生活世界阐释是西方哲学和社会学中多元命题的重要

---

① （清）段玉裁撰：《说文解字注》卷 6，北京：中华书局，2013 年，第 118 页。
② 任继昉纂：《释名汇校》，济南：齐鲁书社，2006 年，第 332 页。
③ 衣俊卿：《现代化与日常生活批判——人自身现代化的文化透视》，北京：人民出版社，2005 年，第 132~133 页。
④ 刘悦笛：《论哈贝马斯"生活世界"的意蕴》，《河北学刊》2002 年第 3 期，第 51 页。

一维,关注人在其中生活和交往的世界。哲学领域中对生活世界阐释为我们具体地研究历史中人的交往状态提供了有意义的理论框架。在文化哲学中,人类社会的生活领域划分为日常生活世界和非日常生活世界,人类的交往就在这两个世界中展开,分为日常交往和非日常交往。"日常生活指谓个体生存和再生产领域,是维持人的个体生存需要的各种活动要素的集合,包括衣食住行、生儿育女等以个人肉体生命的延续为目标的日常生活资料的获取与消费活动,婚丧嫁娶、礼尚往来等以日常语言为媒介、以血缘和天然情感为基础的日常交往活动以及与这些日常活动相伴随的日常观念活动。"①日常交往是在日常生活领域中进行的交往活动,指"不同的主体为维持个体生存和再生产以物、语言符号、操作行为等为中介而发生和进行以及相伴随的各种相互作用活动"②。一般来说,日常交往的主体相对固定、稳定与恒常,通常是具有血缘关系的家人(父子、兄弟姐妹间)、亲属或具有地缘关系(即生活在同一天然共同体中)的邻人、朋友之间的交往。进入阶级社会后,政治活动领域、经济活动领域以及精神生产领域等非日常领域的生活世界构建与发展起来:"非日常生活是指社会再生产和人的类存在领域,是维持社会整体需要以及人的超越性生存发展需要的各种活动的总称。"③人们的交往活动不再局限于家庭和天然共同体的环境,逐步进入非日常生活领域,建立起超越血缘关系的非日常交往,"非日常交往是指为维持社会再生产或类的再生产以物、语言符号、操作行为等为中介发生和进行以及相伴随的各种相互作用活动"④,如人类在政治管理领域、精神文化领域内的交往属于非日常交往。

秦汉时期,政治参与意识的强化以及政治参与机制的健全,促使广大社会成员有更多的机会参与到国家事务中发表意见。受身份、距离等限制,书牍成为最便捷的交流工具。社会成员出于对政治的关心,向各级行政长官和皇帝进言进谏或推荐人才的书牍,与行政领域中以权力机关的名义发布的公文有着本质的不同,前者只是个人在非日常生活领域中交流的工具。以往,学者们在探讨书牍这一课题时往往将其范围局限在日常交往领域的亲属、朋

---

① 王晓东:《日常交往与非日常交往》,北京:人民出版社,2005年,第41页。
② 王晓东:《日常交往与非日常交往》,第46页。
③ 王晓东:《日常交往与非日常交往》,第41页。
④ 王晓东:《日常交往与非日常交往》,第46页。

友之间,显然忽略了进入阶级社会后,人们交往领域的扩展,即非日常交往的出现及其领域的拓展。因此,本书在讨论秦汉书牍这一课题时,立足于个体的社会属性,全面揭示作为社会中的个体通过文字工具与其他人的交流,包括日常交往与非日常生活领域中的书牍。

在哲学上,以交往目的为标准而划分的日常与非日常交往人际圈具有普遍性,但是具体到秦汉复杂的社会生活中,人的身份往往具有多重性,日常交往的主体之间的交流也可能是非日常生活的内容。如在官僚行政机构中,上下级之间、同事之间除了代表各级公共权力机关进行公务活动外,还有很多出于私人情谊的交流。我们依据哲学范畴的分类难免会有矛盾之处,但是对于交往主体复杂、内容繁多的书牍,这样的分类依然具有一定的普遍意义。本书将个体与亲人、朋友之间的书牍交流归属于人们的日常交往,个体与各级行政长官及皇帝的书牍交流归属于非日常交往。

(二) 秦汉书牍的名称

在中国古代汉语词汇中,指称书牍的称谓非常丰富,有"书""记""尺牍""尺素"等。在敦煌书仪中,有学者考证敦煌书仪中表示书牍的词语主要有"诲、问、状、书、信、告诲、告约、告勒、诲示、示问、问及、示及、翰诲、示翰、书诲、书示、书疏、音问、旨教、札示、金玉、琼瑶、琼华、宠翰、宠示、芳符、芳函……65 个语词"[①]。宋朝以后以尺牍较为常用。20世纪三四十年代后,书信取代尺牍一直沿用至今。不同时代的称谓蕴含着丰富的历史文化内涵,其演变过程显示出文化的发展轨迹。如宋朝以来兼具叙事、书法形式之美的尺牍,在新文化运动的冲击下,由于时代精神、书写工具以及语言风格的变化,日益丧失其传统内涵,最后让位于以叙事功能为主的具有现代意义的书信。[②]隋唐以前,书指书信,而信指信使。"书信"一词起源于何时,在汉语史上尚是有争议的问题。不过从对资料的分析来看,至

---

① 张小艳:《敦煌书仪语言研究》,北京:商务印书馆,2007 年,第 358 页。
② 韩蕊:《文人尺牍的现代转型及其对文学创作的影响》,《北方论丛》2007 年第 1 期,第 32~34 页。

少在两晋南北朝时期，信为信使的含义还是很普遍的。①

今人往往把宋朝后才出现的尺牍作为秦汉书牍的名称。"尺牍"一词最早见于《史记·扁鹊仓公列传》，西汉初年名医淳于意为仇家所告，身陷囹圄。其女缇萦随父到长安上书皇帝愿没入官府，赎父之罪，皇帝感其孝心。司马迁评论道："缇萦通尺牍，父得以后宁。"②"尺牍"指缇萦的上书。西汉游侠陈遵"性善书，与人尺牍，主皆藏去以为荣"③，陈遵的书法作品书写在一尺长的木牍上，被人收藏，时人称之为"尺牍"。汉灵帝时"自造《皇羲篇》五十章，因引诸生能为文赋者。本颇以经学相招，后诸为尺牍及工书鸟篆者，皆加引召，遂至数十人"④。可见，秦汉时期"尺牍"主要是用书写载体指称书写内容，含义较广，"尺牍既是书疏的代名，则一切公私书疏都应包括在内"⑤。秦汉书牍还有"尺素"的称谓。汉乐府诗歌《饮马长城窟行》曰：

> 青青河边草，绵绵思远道。远道不可思，夙昔梦见之。
> 梦见在我傍，忽觉在佗乡。佗乡各异县，辗转不可见。
> 枯桑知天风，海水知天寒。入门各自媚，谁肯相为言？
> 客从远方来，遗我双鲤鱼。呼儿烹鲤鱼，中有尺素书。
> 长跪读素书，书上竟何如？上有加餐食，下有长相忆。⑥

从诗文的场景中可知，书牍被藏在鱼腹中，其写作载体是一尺的素帛，"尺"作为限定词修饰后面的"书"，即写在尺素上的书。把尺素作为代称，是后人对书牍的雅称。"尺牍""尺素"作为书牍的称谓，在汉代并没有普遍

---

① 王力指出："大约（盛唐时代）几十年以后，'信'字才真正具有现代所谓'书信'的意义了。"（王力：《汉语史稿》，北京：中华书局，2004年，第624页）常立杰认为："'信'字用作'书信'的意义并不是始于中唐，而是在更远的晋和南北朝。"（《"信"字"使者""书信"二义缘起时间小议》，《广西大学学报（哲学社会科学版）》1987年第1期，第101页）张永言认为：唐代，"信"还指"传书的信使"（参见《关于两晋南北朝的"书"和"信"》，《语文研究》1985年第2期，第6页）。关于"信"的"书信"义起源的争议，从另一方面反映出在唐朝以前，"信"主要指"信使"。
② 《史记》卷105《扁鹊仓公列传》，北京：中华书局，1959年，第2817页。
③ 《汉书》卷92《游侠传》，北京：中华书局，1962年，第3711页。
④ 《后汉书》卷60《蔡邕传》，北京：中华书局，1965年，第1991～1992页。
⑤ 吴丽娱：《唐礼摭遗——中古书仪研究》，第70页。
⑥ （南朝梁）萧统编，海荣、秦克标校：《文选》卷4，上海：上海古籍出版社，1998年，第208页。

意义和代表性。

秦汉时期，书牍的正式称谓是"记""书"。

从广义上说，"书""记"内涵的范围较广，凡是使用笔书写之对象都可以称为"书""记"："夫书记广大，衣被事体，笔札杂名，古今多品"①。秦汉时期，随着文体分类的越来越细化，各种具体的称谓纷纷出现：

> 是以总领黎庶，则有谱籍簿录；医历星筮，则有方术占式；申宪述兵，则有律令法制；朝市征信，则有符契券疏；百官询事，则有关刺解牒；万民达志，则有状列辞谚：并述理于心，著言于翰，虽艺文之末品，而政事之先务也。②

检索《史记》《汉书》《后汉书》会发现，这一时期，"书"作为内涵丰富的概念使用广泛，如书籍、书写、书牍、上书等，但指称公私信函时，统统称为"书"。其中一类是臣民向上写奏书给皇帝的，有动宾用法的"上书"，也有名词用法的"上书"。如：

> （汉昭帝时）太史令张寿王上书言："历者天地之大纪，上帝所为。传黄帝《调律历》，汉元年以来用之。今阴阳不调，宜更历之过也。"③
> （汉宣帝诏书）闻古天子之名，难知而易讳也。今百姓多上书触讳以犯罪者，朕甚怜之。④
> （成武孝侯刘顺为六安太守）数年，帝欲征之，吏人上书请留。⑤
> （朱浮）以国学既兴，宜广博士之选，乃上书曰："夫太学者，礼义之宫，教化所由兴也。"⑥
> （王充）友人同郡谢夷吾上书荐充才学，肃宗特诏公车征，病不行。⑦

---

① （南朝梁）刘勰著，黄叔琳注，李详补注，杨明照校注拾遗：《增订文心雕龙校注》卷5，第350页。
② （南朝梁）刘勰著，黄叔琳注，李详补注，杨明照校注拾遗：《增订文心雕龙校注》卷5，第350页。
③ 《汉书》卷21上《律历志》，第978页。
④ 《汉书》卷8《宣帝纪》，第256页。
⑤ 《后汉书》卷14《宗室四王三侯列传》，第566页。
⑥ 《后汉书》卷33《朱浮传》，第1144页。
⑦ 《后汉书》卷49《王充传》，第1630页。

亲友、朋旧之间相互致信，书写结构一般为"与（予）（遗）（寄）书"或者"与（予）（遗）某人书"。如：

（窦长君与曹丘生善）布闻，寄书谏长君曰："吾闻曹丘生非长者，勿与通。"①

故人益州刺史任安予迁书，责以古贤臣之义。②

（郅都）为人，勇有气，公廉，不发私书，问遗无所受，请寄无所听。③

（赵憙）素与奉善，数遗书切责之。④

（冯衍）乃遗邑书曰："盖闻晋文出奔而子犯宣其忠。"⑤

"记"作书牍意时，在文献中一般是与"书"结合出现：

莽长子宇非莽隔绝卫氏，恐久后受祸，即私与卫宝通书记。⑥

（马援）数以书记责譬于嚣。⑦

（祢衡）为作书记，轻重疏密，各得体宜。⑧

在 20 世纪初出土的大量秦汉简牍中，书牍一般称为"记"或"书"，相比较而言前者出现的频次更多一些。陈槃根据敦煌、居延地区出土的简牍书牍材料指出：

按汉人书牍，或曰"疏"，或曰"书"，或曰"记"。"记"之称，无论官事往还，或寻常书问，并得通用。董仲舒有《诣公孙弘奏记》；《汉

---

① 《汉书》卷37《季布传》，第1978页。
② 《汉书》卷62《司马迁传》，第2725页。
③ 《汉书》卷90《酷吏传》，第3648页。
④ 《后汉书》卷26《赵憙传》，第913页。
⑤ 《后汉书》卷28上《冯衍传》，第969~970页。
⑥ 《汉书》卷97下《外戚传》，第4008页。
⑦ 《后汉书》卷24《马援传》，第831页。
⑧ 《后汉书》卷80下《文苑传》，第2657页。

书·丙吉传》:"吉奏记(霍)光";又《萧望之传》:"(郑)朋奏记望之"。此用于公府者也。……今按书疏之有"记"称,不始于后汉,前引董仲舒、丙吉等之奏记,是其证也。"记"之为体,亦或雅或俗,为公为私,都无一定。汉人之简牍遗文则然。①

陈直在《西汉书札的形式》一文中,对秦汉简牍书牍的称谓进行了总结:

> 今证以居延、敦煌两木简书牍形式,与传世所载,颇有异同。主要在分书、记为二类。……在居延、敦煌两简,书记二字随称,并无严格之区别。《汉书·赵广汉传》云:"尝记召湖都亭长。"《朱博传》云:"文学儒史,时有奏记称说。"《燕刺王传》云:"数记疏光过失与旦。"此为公牍之奏记,与本简之书记,尚微有不同。自《文选》盛行,标题皆改称为书,而记之体例几废。②

近年来其他地区出土的秦汉书牍与西北书牍中的称谓基本一致:

> 来者数赐记,使建奉闻中公所欲毋恙。③
>
> (《敦煌悬泉置汉简》Ⅱ0114③:610)
>
> 所因子方进记差次孺者,愿子方发过次孺舍,求报。④
>
> (《敦煌悬泉置汉简》Ⅱ0114③:611)
>
> 为故书不能尽意幸少留意志逞(归)至来留东阳毋使逞(归)。⑤
>
> (《安徽天长西汉墓发掘简报》M19:40-10)
>
> 还遣赐书,告□知,意详者治。庚申岁,薄雁□案狱,记竟文书。⑥
>
> (《长沙东牌楼东汉简牍》J7⑤:1134)

---

① 陈槃撰:《汉晋遗简识小七种》,第26页。
② 陈直:《居延汉简研究》,第150~151页。
③ 胡平生、张德芳编撰:《敦煌悬泉汉简释粹》,上海:上海古籍出版社,2001年,第185页。
④ 胡平生、张德芳编撰:《敦煌悬泉汉简释粹》,第187页。
⑤ 天长市文物管理所、天长市博物馆:《安徽天长西汉墓发掘简报》,《文物》2006年第11期,第18页。
⑥ 长沙市文物考古研究所、中国文物研究所编:《长沙东牌楼东汉简牍》,北京:文物出版社,2006年,第84~85页。

秦汉时期，将书牍称作"书""记"，而不是后世的文雅称谓"书札""尺素""尺牍"等，这是由词汇发展的阶段性历史特征决定的。根据汉语词汇发展的历史，东汉以前为上古汉语时期，这一时期的汉语词汇以单音词为主，两汉时期人名多为单字也是由于这样的历史背景。东汉后期特别是魏晋以后，词汇发展开始由上古向中古转变，双音节甚至是多音节的词逐渐多起来，这是秦汉魏晋隋唐时期汉语词汇发展的重要历史特征。古汉语的双音词主要由四种构成：一是联绵词，如仿佛、窈窕、蟋蟀等；二是重言词，即重叠两个相同的音节所组成的词，如人人、元元、旦旦等；三是附音词，在单词的前后附着一个助词，如阿母、有周、沛然等；四是复合词，由两个独立的单词结合组成，组合后只代表一个单纯的意义，如果把它拆开，则意义各不相同。越近上古，单音词越多。两汉属于上古语言时期，单音词占多数。"尺牍""尺素""书札"等后世习以为常的、文雅化的双音节词汇不符合古代汉语词汇发展的历史阶段性特征。

从书牍的内容来看，称"记"或者"书"，并非随意为之，有着比较明显的区别。传世文献中书牍多称"书"，在信息传递的同时，更侧重情感的沟通和表达，如司马迁《报任安书》、杨恽《报孙会宗书》、秦嘉《与妻书》等。而在秦汉简牍的书牍中，称"记"较为普遍，内容往往是就事写事，具有实用性、临时性，较少有情感的表达。

　　十一月十五日为记邑中夏君壮多问
　　少平湌食如常人马起居得毋有它今自买鱼得二千二百黍十头
　　付子阳与子阳将车人粟十三石牛食豆四石桱西垣乘轴一付
　　子阳车大穿釭一子阳欲得鱼数什一谛自详之苇席四枚鱼皆
　　中数大鱼①　　　　　　　　　　　　　　　　（E.P.T44：5-6A）

这则"记"中提到夏君壮委托子阳到居延去做一桩鱼的生意，子阳及其所雇的将车人得到的报酬为"鱼数什一""粟十三石牛食豆四石"。

---

① 甘肃省文物考古研究所、甘肃省博物馆、文化部古文献研究室，等编：《居延新简：甲渠候官与第四燧》，北京：文物出版社，1990年，第124~125页。

>   谢范子恩顷□前所取世诏书刺以付妇幸甚幸甚
> 记　从徐子胜家取韦橐积凡十筦刀二笔研附布巾
>   子恩状良意惓惓□□到所言前顷车①
>
> （《居延汉简》101·24，267·10）

刘寒青指出："'记'表示书信义，在这个大类下又可分为作为官方文书使用的'记'和作为私人信件使用的'记'。'记'在作为官文书使用时，是一种非常规的、临时的，用于处理急需解决的事件，带有催促性质的官府下行文书。'记'作为私人信件使用时，内容较为多样，且有时掺杂公务内容。""记"所具有的特征与记字的本意相符合："'记'的字义是识记和记录，记录一般强调实用性，记录人、事、景、物，所以在文体格式上也并没有严整的要求，所以古人更倾向于用'记'字指称那一类临时的、非常规的书信。"②

宋朝以后"尺牍"为较常用的称谓。20世纪三四十年代后，书信取代尺牍，一直沿用至今。不同时代的书信称谓蕴含着丰富的历史文化信息，其发展过程显示出文化的发展轨迹。如兼具书法形式之美和叙事功能的尺牍，在新文化运动的冲击下，由于书写工具、语言风格以及时代精神的变化，逐渐丧失其传统内涵，让位于以叙事功能为主的具有现代意义的书信。③

---

① 谢桂华、李均明、朱国炤：《居延汉简释文合校》，北京：文物出版社，1987年，第168页。
② 刘寒青：《释汉简中的"记"》，《烟台大学学报（哲学社会科学版）》2017年第3期，第124页。
③ 韩蕊：《文人尺牍的现代转型及其对文学创作的影响》，《北方论丛》2007年第1期，第32～34页。

第一章　先秦时期书牍的源流

由于协同劳动的需要，人类产生了语言交流。马克思认为："语言和意识具有同样长久的历史；语言是一种实践的、既为别人存在因而也为我自身而存在的、现实的意识。语言也和意识一样，只是由于需要，由于和他人交往的迫切需要才产生的。"[1]随着社会生活的丰富、人类思维的复杂化，人们逐渐克服了语言在时间和空间上交流的局限，发明了记录语言的工具——文字。文字既是语言的载体，也是对语言的再创造。传统观点认为，文字作为表意的符号，初始的时候是临摹事物的形状表示意义，后来逐渐简化线条，运用对象最为突出的特征表示为象形字，经过进一步抽象，以象形为基础，向一半表意一半表音、表意的方向发展。"仓颉之初作书，盖依类象形，故谓之文，其后形声相益，即谓之字"[2]，古人由对自然界万物进行描摹的图画逐渐变为具有一定规则的文字。文字的功能随着人类生存世界不断丰富而逐渐增加，如记录、交流、叙事、说理、抒发情感等。

书是著录于一定载体上的文字，凡著于简册、竹帛上的文字，统统称为"书"。相传黄帝时期，史官仓颉造字，主要用于记录圣王立教、垂范后世："黄帝之史，沮诵、仓颉，眺彼鸟迹，始作书契。纪纲万事，垂法立制，帝典用宣，质文著世。"[3]最早使用文字记录主要是史官的职责。随着越来越多的人掌握文字、使用文字，在政事记录外，其功能逐渐扩展到情感表达、信息传递等领域。"扬雄曰：言，心声也；书，心画也。声画形，君子小人见矣。

---

[1] 中共中央马克思恩格斯列宁斯大林著作编译局编译：《马克思恩格斯选集》第1卷，北京：人民出版社，2012年，第161页。

[2] （清）段玉裁撰：《说文解字注》卷29，第761页。

[3] 《晋书》卷36《卫恒传》，北京：中华书局，1974年，第1062页。

故书者，舒也。舒布其言，陈之简牍。"①夏商周三代，出于军国大事、行政运作的需要，国家已经建立起信息沟通的渠道，并有专门官员负责管理。《周礼》载："凡国野之道，十里有庐，庐有饮食；三十里有宿，宿有路室，路室有委，五十里有市，市有候馆，候馆有积。"②西周时期在国野的交通道路上设立专项服务，提供饮食、住宿并储存有粮草等物资，由遗人掌管，主要任务就是负担中央与诸侯国之间、各诸侯国之间信息传递、人员往来和货物运转。这一机构职官的设置应该是适应国家事务信息传递逐渐频繁的现实要求。

其中出现一些具有感情色彩的文书内容，如《尚书》中的《周书·君奭》是周公摄政期间因位高权重引起召公猜疑，周公为释疑而作。周公真挚的情感流露其中。清代姚鼐编撰的《古文辞类纂》中书说类，首选第一篇就是此篇。作者解释道："书说类者，昔周公之告召公，有《君奭》之篇。春秋之世，列国士大夫或面相告语，或为书相遗，其义一也。战国说士说其时主，当委质为臣，则入之奏议；其已去国，或说异国之君，则入此编。"③曾国藩编的《经史百家杂钞》也将《君奭》列为书牍类之首："书牍类，同辈相告者。经如《君奭》，及《左传》郑子家、叔向、吕相之辞皆是；后世曰书、曰启、曰移、曰牍、曰简、曰刀笔、曰帖皆是。"④以上两书对书牍的分类主要是从文体而非文辞出发，以人与人之间交流为形式判定，至于是涉及公事还是私情不在考虑之中。这种观点也受到质疑，当代学者褚斌杰认为《君奭》是"史官记载的一篇周公对召公的告诫之辞，还难以称作书信"。⑤

先秦时期，文体处于混沌未分的状态，"战国以前，君臣同书"⑥，这一时期公牍私信还未界限分明，因此其命名相同，统称为"书"。这与当时文字的掌握者仅为少数人群，宗法社会中国家事务与宗族家族事务合二为一密切相关。春秋时期，周天子衰微，大国争霸，诸侯间朝聘会盟、攻伐征战等活动促使以书牍交流信息的情况频繁起来。晋国范宣子主政，晋国为诸侯霸主，

---

① （南朝梁）刘勰著，黄叔琳注，李详补注，杨明照校注拾遗：《增订文心雕龙校注》卷5，第349页。
② （唐）贾公彦：《周礼注疏》卷13，（清）阮元校刻：《十三经注疏》，北京：中华书局，1980年，1568页。
③ （清）姚鼐纂集，胡士明、李祚唐标校：《古文辞类纂》，上海：上海古籍出版社，1998年，第6页。
④ （清）曾国藩纂：《经史百家杂钞》，长沙：岳麓书社，1987年，第2页。
⑤ 褚斌杰：《中国古代文体概论》（增订本），第389页。
⑥ （南朝梁）刘勰著，黄叔琳注，李详补注，杨明照校注拾遗：《增订文心雕龙校注》卷5，第349页。

对各国收取过重的贡品，公孙夏陪郑伯出使晋国，郑国的大夫子产"寓书于子西以告宣子"，即委托公孙夏给范宣子带去一封书牍，说明晋国收取过重贡品的危害：

> 子为晋国，四邻诸侯，不闻令德而闻重币，侨也惑之。侨闻君子长国家者，非无贿之患，而无令名之难。夫诸侯之贿，聚于公室，则诸侯贰。若吾子赖之，则晋国贰。诸侯贰，则晋国坏。晋国贰，则子之家坏。何没没也，将焉用贿？夫令名，德之舆也。德，国家之基也。有基无坏，无亦是务乎。有德则乐，乐则能久。《诗》云："乐只君子，邦家之基。"有令德也夫！"上帝临女，无贰尔心。"有令名也夫！恕思以明德，则令名载而行之，是以远至迩安。毋宁使人谓子，子实生我，而谓子浚我以生乎。
>
> 象有齿以焚其身，贿也。①

子产的书牍，立意高远，持论正确，善于引经据典和形象地比喻，效果就是范宣子取消了晋国向四邻诸侯收取过重贡品的行为。郑国铸造刑书于鼎，晋国大夫叔向给子产写信说，这样做会使"民知争端矣，将弃礼而征于书"，子产回信曰："若吾子之言，侨不才，不能及子孙，吾以救世也。既不承命，敢忘大惠？"②这一时期充满个人情感的书牍多了起来，名传后世的还有《绕朝赠士会策》《郑子家告赵宣子书》《巫臣与子凡书》等。这些书牍可谓外交辞令，作者一般是贵族官僚，其言辞更多代表所在邦国意志，也带有一定的个人情感色彩。公私界限的模糊使得后人在对其文书分类时产生很大的分歧。史料记载，各诸侯国应该还有专门负责书牍传递的官员，"郑子家使执讯而与之书，以告赵宣子"③，"执讯"应该是专门负责信息传递的家臣。

战国时期，铁器和牛耕大量应用于农业生产，新兴地主阶级社会变革深入开展，财产私有化迅速发展，人们为争取私利熙熙攘攘四方奔走，为私利

---

① （唐）孔颖达：《春秋左传正义》卷35，（清）阮元校刻：《十三经注疏》，北京：中华书局，1980年，第4297~4298页。

② （唐）孔颖达：《春秋左传正义》卷43，（清）阮元校刻：《十三经注疏》，第4439页。

③ （唐）孔颖达：《春秋左传正义》卷20，（清）阮元校刻：《十三经注疏》，第4038页。

不惜大打出手,以私利为纽带的社会关系空间活跃。尽管各家各派的理论以"立公灭私"为主导,但是丝毫不能阻止私人空间的急剧扩大。随着文化的繁荣、私学的发展,掌握文字书写能力的人数量增多,私人文书逐渐增多,公私文书的界限逐渐清晰,但是依然还是有模糊地带。乐毅的《报燕惠王书》、李斯的《谏逐客书》于论政事之余,更带有个人色彩,文笔由朴质简练转向铺排词采,个人情感趋于强烈。燕惠王中齐国反间计,导致大将乐毅去燕归赵。后来惠王悔悟,派使者给乐毅送信,一方面责备他辜负先王,另一方面表示悔意。乐毅回书针对燕惠王对自己的责难,运用极为婉转但坚定的语气予以驳斥,表达心声。该文还通过隐喻的手法,昭示昭王之贤明,衬托惠王之失察:

> 臣不佞,不能奉承王命,以顺左右之心,恐伤先王之明,有害足下之义,故遁逃走赵。今足下使人数之以罪,臣恐侍御者不察先王之所以畜幸臣之理,又不白臣之所以事先王之心,故敢以书对。
>
> 臣闻贤圣之君不以禄私亲,其功多者赏之,其能当者处之。故察能而授官者,成功之君也;论行而结交者,立名之士也。臣窃观先王之举也,见有高世主之心,
>
> ……
>
> 臣闻古之君子,交绝不出恶声;忠臣去国,不絜其名。臣虽不佞,数奉教于君子矣。恐侍御者之亲左右之说,不察疏远之行,故敢献书以闻,唯君王之留意焉。①

韩人郑国以修渠拖垮秦国的目的被秦王察觉,结果秦国下逐客令,客卿李斯上书:

> 臣闻吏议逐客,窃以为过矣。昔缪公求士,西取由余于戎,东得百里奚于宛,迎蹇叔于宋,来丕豹、公孙支于晋。此五子者,不产于秦,而缪公用之,并国二十,遂霸西戎。孝公用商鞅之法,移风易俗,民以

---

① 《史记》卷80《乐毅列传》,第2430~2433页。

殷盛，国以富强，百姓乐用，诸侯亲服，获楚、魏之师，举地千里，至今治强。惠王用张仪之计，拔三川之地，西并巴、蜀，北收上郡，南取汉中，包九夷，制鄢、郢，东据成皋之险，割膏腴之壤，遂散六国之从，使之西面事秦，功施到今。昭王得范雎，废穰侯，逐华阳，强公室，杜私门，蚕食诸侯，使秦成帝业。此四君者，皆以客之功。由此观之，客何负于秦哉！向使四君却客而不内，疏士而不用，是使国无富利之实而秦无强大之名也。……夫物不产于秦，可宝者多；士不产于秦，而愿忠者众。今逐客以资敌国，损民以益仇，内自虚而外树怨于诸侯，求国无危，不可得也。①

李斯上书的论证主旨十分明确，就是论证秦国下令逐客的错误。首先是摆事实，秦历史上缪公、孝公、惠王、昭王任用客卿，富国强兵；秦王自己取天下之物，为己所用，赏心悦目；其次是讲道理明利害，纳客之利和逐客之害清晰可见。李斯通过摆事实讲道理阐明自己的主张：广开才路，求士用客。全文立意高远，高屋建瓴，语言生动，气势磅礴，具有很强的说服力。

根据出土文物资料，战国后期，民众已经使用书牍进行人际交往。1975年，湖北省博物馆等单位在湖北云梦睡虎地发掘了十二座秦墓，属于战国晚期秦国墓葬，其中四号墓中出土了两件木牍，"其中一件（M4：11）保存完好，长 23.1、宽 3.4、厚 0.3 厘米，两面均有墨书文字，字迹尚清晰可识，共约二百余字。另一件（M4：6）保存较差，下段残缺，残长 17.3、宽 2.6、厚 0.3 厘米；两边也均有墨书文字，正面尚较清晰，背面近下部因被墨染黑，文字已看不见了，共约一百余字。这两件木牍都削得很薄。文字内容为黑夫与惊二人写给家庭的书信"②。

黑夫、惊《与中书》（M4：11）正面有墨书秦隶五行，反面有墨书秦隶六行：

正面
二月辛巳，黑夫、惊敢再拜问中，母毋恙也？黑夫、惊毋恙也。前

---

① 《史记》卷 87《李斯列传》，第 2541～2545 页。
② 湖北孝感地区第二期亦工亦农文物考古训练班：《湖北云梦睡虎地十一座秦墓发掘简报》，《文物》1976 年第 9 期，第 53 页。

日黑夫与惊别,今复会矣。

黑夫寄益就书曰:遗黑夫钱,毋操夏衣来。今书节(即)到,母视安陆丝布贱,可以为禅裙襦者,母必为之,令与钱偕来。其丝布贵,徒(以)钱来,黑夫自以布此。

黑夫等直佐淮阳,攻反城久,伤未可智(知)也,愿母遗黑夫用勿少。
书到皆为报,报必言相家爵来未来,告黑夫其未来状。闻王得苟得
反面
毋恙也?辞相家爵不也?书衣之南军毋……不也?
为黑夫、惊多问姑姊、康乐季须(嫂)、故术长姑外内……
为黑夫、惊多问东室季须(嫂)苟得毋恙也?
为黑夫、惊多问婴记季事可(何)如?定不定?
为黑夫、惊多问夕阳吕婴、匟里闻误丈人得毋恙……矣。
惊多问新负、婣得毋恙也?新负勉力视瞻丈人,毋与……勉力也。①

收信人是中,应为 4 号墓墓主,致书人是黑夫和惊。黑夫和惊一起从军在淮阳,共同写信给家里的母亲要夏衣、钱,并汇报两个人的近况:原来两个人没在一起,如今同居一处;军队攻打的反叛城池还没有拿下,自己有可能伤亡;最后向家中各位亲朋好友问好,要求妻子善待家中父母。

惊《与中书》(M4:6)正面有墨书秦隶五行,反面有墨书秦隶五行:

正面
惊敢大心问衷,母得毋恙也?家室外内同……
以衷,母力毋恙也?与从军,与黑夫居,皆毋恙也。……
钱衣,愿母幸遗钱五、六百,绕布谨善者毋下二丈五尺。……
用垣柏钱矣,室弗遗,即死矣。急急急。
惊多问新负、婣皆得毋恙也?新负勉力视瞻两老……
反面
惊远家故,衷教诏婣,令毋敢远就若取新(薪),衷令……
闻新地城多空不实者,且令故民有为不如令者实……

---

① 湖北孝感地区第二期亦工亦农文物考古训练班:《湖北云梦睡虎地十一座秦墓发掘简报》,《文物》1976年第 9 期,第 61 页。

为惊视祀，若大发（废）毁，以惊居反城中故。
　　惊敢大心问姑秭（姊），姑秭（姊）子产得毋恙？
　　新地入盗，衷唯母方行新地，急急。①

这封信是秦国军队攻下反城淮阳后，惊再次写信给家里要钱买夏衣。上次寄的信家里没有回信，因为天气越来越热，兄弟二人急需夏衣穿，心情非常着急。用"急急急"表示焦急的心情。

学者黄盛璋根据黑夫、惊《与中书》中的时间信息"二月辛巳"，"断定第一信谓'直佐淮阳，攻反城久'，即秦始皇二十四年'取陈以南至平舆'之战役"②。秦始皇二十四年为公元前223年。两封书牍写作时代背景为战国后期秦国灭楚战争过程中。《史记·秦始皇本纪》记载："二十三年（前224年）秦王复召王翦，强起之，使将击荆。取陈以南至平舆，虏荆王。秦王游至郢陈。荆将项燕立昌平君为荆王，反秦于淮南。二十四年，王翦、蒙武攻荆，破荆军，昌平君死，项燕遂自杀。"③士兵黑夫和惊正在军中服役，写信给家中要钱置买夏衣。书牍中反映出丰富的时代信息：秦国新占领土地的管理和治安情况，秦军士兵的衣物供给，社会商品交换普遍，秦国的家庭结构及家内财产问题等。

迄今为止，出土的战国时期用于信息传递、情感沟通的书牍仅有这两件。不过，作书人的身份、书牍相对严整的格式语言、书牍内容等诸多信息反映出书牍使用具有普遍性。首先，两封书牍有基本相同的格式：上款问候，中间内容汇报具体的信息和向受书人提出要求事项，最后是问候家中亲人。"毋恙"的问候语在两件书牍中反复出现，已经具有书牍格式语言。在汉代书牍中，"毋恙"已是书牍中不可或缺的格式用语。这样较为成熟、统一的书牍样式，应该是社会生活中约定俗成的式样，而非个人随意为之。其次，在军中的兄弟二人就夏衣事情两个月内写了三件书牍，两件给"中"，一件给"益就"，而且黑夫、惊《与中书》中明确要求家人收到信后及时回信，即"书到皆为报"。由此可见，一是书牍已经成为一般民众传递信息的工具，在日常生活中使用；二是书牍的传递交通有了一定渠道。

---

① 湖北孝感地区第二期亦工亦农文物考古训练班：《湖北云梦睡虎地十一座秦墓发掘简报》，《文物》1976年第9期，第61页。

② 黄盛璋：《云梦秦墓两封家信中有关历史地理的问题》，《文物》1980年第8期，第75页。

③ 《史记》卷6《秦始皇本纪》，第234页。

第二章 秦汉日常交往领域的书牍

民众与亲人、朋友之间的书牍交流属于人们的日常交往。秦汉社会，使用书牍作为日常交往领域内信息传递、情感表达、礼仪交往的工具，无论是在官僚士大夫阶层还是下层民众中都已经是比较普遍的现象。传世文献资料中，秦汉时期官僚士大夫阶层在日常交往中使用书牍的情况很常见。20世纪初以来，西北居延、敦煌等地出土的秦汉简牍中有大量社会下层民众用于日常交往的书牍。近年来其他地区出土的简牍中也有不少书牍资料。如湖北云梦睡虎地四号墓中发现两件秦代书牍。2004年发掘于安徽天长安乐镇的西汉墓中34片书写有文字的木牍，书写约2500字。[①]1990—1992年发掘的敦煌悬泉置汉简中有"帛书10件，均为私人信札"[②]。2004年发现于湖南省长沙市东牌楼建筑工地第七号古井的《长沙东牌楼东汉简牍》中，占出土简牍很大比例的是第二部分——私信类，其中4件封检，43件为私人信件，共计47件。[③]

日常交往领域的书牍主要围绕着人们的生产、生活展开，其主题内容丰富多样。根据写作目的，秦汉书牍主要分为以下三大类：第一，日常书牍。出于人们自然的情感交流、社会交往及社会生活需要而作，包括情感信息交流、请托和赠物类书牍。第二，社交礼仪书牍。出于人际交往中的礼节仪式需要而作，礼本是缘情而作，"故圣人之所以治人七情，修十义，讲信修睦，尚辞让，去争夺，舍礼何以治之？饮食男女，人之大欲存焉。死亡贫苦，人之大恶存焉。故欲恶者，心之大端也。人藏其心，不可测度也。美恶皆在其

---

① 天长市文物管理所、天长市博物馆：《安徽天长西汉墓发掘简报》，《文物》2006年第11期，第9页。
② 甘肃省文物考古研究所：《甘肃敦煌汉代悬泉置遗址发掘简报》，《文物》2000年第5期，第13页。
③ 长沙市文物考古研究所、中国文物研究所编：《长沙东牌楼东汉简牍》，第84~104页。

心,不见其色也。欲一以穷之,舍礼何以哉"①。为社交礼仪而作的书牍虽然也主要是基于人们情感交流的需要,但与日常性情感交流书牍相比较,它更具有外在礼仪规范性的特征,包括贺吊书牍、送行书牍、问疾书牍、介绍书牍、报书等。第三,教诫书牍。出于对他人、社会的责任感而作,用以专门劝谏、教诫他人的书牍,包括对朋友教诫的书牍和对后辈教诫的书牍。

一、日 常 书 牍

(一)情感、信息交流类书牍

秦汉时期的很多民众,或是主动或是被动,离乡背井,远赴他乡做官、求学、经商、戍守等,距离的阻隔使得人们对情感、信息的需求增多。对亲人来说,仅仅是几句问候就足以慰藉相思与牵挂;对朋友来说,远道而来的寒暄可以向对方表达自己的情感,增进友谊和联系。反映民众生活的日常书牍很难在文献史料中找到痕迹,秦汉诗歌除了《饮马长城窟行》外,还有古诗十九首中的《孟冬寒气至》:

> 孟冬寒气至,北风何惨栗?愁多知夜长,仰观众星列。三五明月满,四五蟾兔缺。客从远方来,遗我一书札。上言长相思,下言久别离。置书怀袖中,三岁字不灭。一心抱区区,惧君不识察。②

由此可见,书牍是一般民众日常交往的重要手段。在 20 世纪初以来出土的秦汉简牍中,大量一般民众往来的书牍就证明了这一点。敦煌悬泉置汉简中出土了两件书牍,都出土于第三堆积层,时间属于西汉中后期。③建在和敦煌卒史的谈话中询问到中公在敦煌,建曾经受到过中公的提携帮助。建于是写信联络,并托付敦煌卒史将书牍转交给中公。建在书牍中表达了对中公及

---

① (唐)孔颖达:《礼记正义》卷 22,(清)阮元校刻:《十三经注疏》,第 3080 页。
② (梁)萧统编,海荣、秦克标校:《文选》卷 29,第 224 页。
③ 甘肃省文物考古研究所:《甘肃敦煌汉代悬泉置遗址发掘简报》,《文物》2000 年第 5 期,第 9~10 页。

其夫人的问候祝福及对他们的感谢之情,盼望中公能回信以便使自己了解中公更多的情况:

> 建伏地请中公、夫人足下,劳苦临事善毋恙。建不肖奴□①赖中公恩泽,幸得待罪侍御史。顷阙希闻中公□忽也数属中公及子惠于敦煌□□何君,不敢忽忽。敦煌卒史奉太守书赐建,建问卒史,言中公顷。中公幸益长矣,子孙未有善,岁赐钱,率夫人日夜有以称太守功名行者,何患不得便哉!寒时□,慎察吏事,来者数赐记,使建奉闻中公所欲毋恙,建幸甚幸甚。谨因敦煌卒史中公足下。·幸为建多请长卿、夫人、诸子及子惠诸弟妇、儿子□谢疆(强)饭。·来者言长君、次公□□。②
>
> (《敦煌悬泉置汉简》Ⅱ0114③:610)

在敦煌郡成乐县为小吏的政与在敦煌郡郡守府为吏的幼卿是朋友,因为政所在地比较偏远,两人很难相见。政通过升迁到敦煌郡为吏的王子方把自己的问候祝福带给君明,希望经常得到君明的教诲:

> 政伏地再拜言
> 幼卿君明足下毋恙久不明相见夏时政伏地愿幼卿君明适衣进食察郡事政
> 居成乐五岁余未得迁道里远辟回往来希官薄身贱书不通叩头叩头因同吏郎今迁为敦煌鱼泽候守丞王子方政叩头愿幼卿幸为存请□君倩不曾御不北边居归未有奉奏叩头叩头大守任君正月中病不幸死大守□□□
> 猛政得长奉闻幼卿君明严教舍中诸子毋恙政幸甚谨因☒③
> 幼卿君明足下因请长实子仲少实诸弟④
>
> (《疏勒河流域出土汉简》335)

---

① □:简牍中不能释读的字。
② 胡平生、张德芳编撰:《敦煌悬泉汉简释粹》,第184~185页。
③ ☒:上下断缺及行文中因字迹漫漶未能确定字数者。
④ 林梅村、李均明编:《疏勒河流域出土汉简》,北京:文物出版社,1984年,第52~53页。

曹宣是在烽燧上负责候望的卒吏，由于工作缘故不能见到董、冯两位朋友，只好通过别人捎去问候，希望二位能经常给自己寄书牍通音讯：

曹宣伏地叩头白记
董房冯孝卿坐前万年毋恙顷者不相见于宣身上部属亭
迹候为事也毋可忧者迫驹执所辱故不得诣二卿坐前遣
毋状愿高赏卿到自爱怒力加意慎官事叩头幸甚
宣在骓喜隧去都仓四十余里独第六隧卒杜程李侯
常得奏都仓二卿时时数寄记书相问音声意中快也实中兄①

（《居延汉简释文合校》502·14AB，505·38AB，505·43AB）

叶宋乃始张佰丈与子翘子玉书的书牍与曹宣所写的相似，都是戍守边塞的卒吏因工作关系很久没见到朋友了，因为同事中有人要到朋友所在地，于是捎书一封，向朋友表示问候：

叶宋乃始张佰丈叩头言
　子翘子玉足下善毋恙间者久不相见良苦迫塞上甚邑邑毋
　】②巳年时去□里□□□□□□□□□子翘子玉□□乃始□
　【③……□□甚毋恙皆叩头请子翘子玉
　幸甚愿善视官吏毋敢□出□不容愚谨因甲渠官令史王卿致
　白□宛巍子翘巍子玉坐前　　　叶宋乃始张佰丈记叩头④

（《居延新简》E.P.T50：42AB）

安徽天长市汉墓出土的汉简为西汉中期偏早，墓主人为谢孟。这应该是一件友人丙充国写给墓主人谢孟的问候书牍，春天到了，万物复苏，朋友希

---

① 谢桂华、李均明、朱国炤：《居延汉简释文合校》，第 600~601 页。
② 】代表左边残断。
③ 【代表右边残断。
④ 甘肃省文物考古研究所、甘肃省博物馆、文化部古文献研究室，等编：《居延新简：甲渠候官与第四燧》，第 155 页。

望谢孟能够加强饮食，常常听到他身体安康的消息：

丙充国谨伏地再拜请
孟马足下寒气始至愿孟为侍前强幸酒食
道出入谨故（？）饮（？）酒（？）言充国所厚言□吏充
国愿孟□厚■左右充国伏地幸甚有
□□充国愿得奉闻孟□急毋恙
□伏地再拜①

(《安徽天长西汉墓发掘简报》M19：40-5）

友人贲且在给墓主人谢孟的书牍中感谢谢孟对自己的帮助，汇报了近况，并向其致以问候：

贲且伏地再拜请
孺子孟马足下贲且赖厚德到东郡幸毋恙贲且行守丞
上订以十二月壬戌到洛阳以甲子发兵广陵长史卿俱□以贲且家
室事受（？）辱左右贲且诸家死有余罪毋可者各自谨而已家毋
可鼓者且完而已贲且西故自巫为所以请谢者即（？）
事复（？）大急幸遣贲且记孺子孟通亡桃事愿以远谨
为故书不能尽意幸少留意志遝（归）至来留东阳毋使遝（归）
大事寒时幸进酒食□察诸贲且过还故县毋绥急
以支亡劾毋它事伏地再拜
孺子孟马足下②

(《安徽天长西汉墓发掘简报》M19：40-10）

西汉时期情感表达的书牍一般是向对方致以问候，表达自己对对方的关切之情，很少有主动向对方表达自己情感的。只有在回复的书牍中，针对对

---

① 天长市文物管理所、天长市博物馆：《安徽天长西汉墓发掘简报》，《文物》2006年第11期，第16页。
② 天长市文物管理所、天长市博物馆：《安徽天长西汉墓发掘简报》，《文物》2006年第11期，第16~18页。

方提出的问题时才会敞开心扉，表达自己的情感世界。任安与书司马迁劝诫他应该利用现在接近皇帝的机遇推荐贤才，司马迁在回信中诉说了自己的遭遇，表达了自己的一腔悲愤之情和远大志向：

少卿足下：曩者辱赐书，教以慎于接物，推贤进士为务，意气勤勤恳恳，若望仆不相师用，而流俗人之言。仆非敢如是也。虽罢驽，亦尝侧闻长者遗风矣。顾自以为身残处秽，动而见尤，欲益反损，是以抑郁而无谁语。谚曰："谁为为之？孰令听之？"盖钟子期死，伯牙终身不复鼓琴。何则？士为知己用，女为说己容。若仆大质已亏缺，虽材怀随和，行若由夷，终不可以为荣，适足以发笑而自点耳。①

杨恽回给孙会宗的书牍也是阐述自己的情志，表达对遭遇的不满：

恽材朽行秽，文质无所底，幸赖先人余业得备宿卫，遭遇时变以获爵位，终非其任，卒与祸会。足下哀其愚，蒙赐书，教督以所不及，殷勤甚厚。然窃恨足下不深惟其终始，而猥随俗之毁誉也。言鄙陋之愚心，若逆指而文过，默而息乎，恐违孔氏"各言尔志"之义，故敢略陈其愚，唯君子察焉！

恽家方隆盛时，乘朱轮者十人，位在列卿，爵为通侯，总领从官，与闻政事，曾不能以此时有所建明，以宣德化，又不能与群僚同心并力，陪辅朝廷之遗忘，已负窃位素餐之责久矣。怀禄贪势，不能自退，遭遇变故，横被口语，身幽北阙，妻子满狱。当此之时，自以夷灭不足以塞责，岂意得全首领，复奉先人之丘墓乎？伏惟圣主之恩，不可胜量。君子游道，乐以忘忧；小人全躯，说以忘罪。窃自思念，过已大矣，行已亏矣，长为农夫以没世矣。是故身率妻子，戮为耕桑，灌园治产，以给公上，不意当复用此为讥议也。

……

夫西河魏土，文侯所兴，有段干木、田子方之遗风，漂然皆有节概，

---

① 《汉书》卷62《司马迁传》，第2725页。

知去就之分。顷者，足下离旧土，临安定，安定山谷之间，昆戎旧壤，子弟贪鄙，岂习俗之移人哉？于今乃睹子之志矣。方当盛汉之隆，愿勉旃，毋多谈。①

东汉时期，在书牍中主动表达世俗情感、日常生活情趣的现象增加，如：

蔡邕《与袁公书》：

朝夕游谈，从学宴饮，酌麦醴，燔干鱼，欣欣焉乐在其中矣。②

马融《与谢伯世书》：

愦愦愁思，犹不解怀。思在竹间，放狗逐麇，晚秋涉冬，大苍出笼，黄棘下菟，芼以乾葵，以送余日，兹乐而已。③

张芝《与府君书》：

八月九日芝白府君足下：不日秋凉，平善。广阔弥迈，相思无违。前比得书，不遂西行，望远悬想，何日不勤。捐弃漂没，不当行李。又去春送丧到美阳，须待伴比，故遂间绝。有缘复相闻，飧食自爱，张芝幸甚幸甚。④

秦嘉《与妻徐淑书》：

不能养志，当给郡使；随俗顺时，倪俛当去，知所苦故尔。未有瘳损，想念悒悒，劳心无已。当涉远路，趋走风尘，非志所慕，惨惨少乐。又计往还，将弥时节。念发同怨，意有迟迟。欲暂相见，有所属托。今遣车往，想必自力。⑤

---

① 《汉书》卷66《杨恽传》，第2894～2897页。
② （清）严可均辑，许振生审订：《全后汉文》卷73，北京：商务印书馆，1999年，第744页。
③ （清）严可均辑，许振生审订：《全后汉文》卷18，第175页。
④ （清）严可均辑，许振生审订：《全后汉文》卷64，第653页。
⑤ （清）严可均辑，许振生审订：《全后汉文》卷66，第673页。

佟《与督邮书》：

> 客贱子佟顿首再拜
> 督邮侍前：别亭易迈忽尔，令缥磨年朔，
> 不复相见。勤领众职，起居官舍，遵贵皆迷，
> 安善欢喜，幸々甚々。推昔分别缥磨，不数承直，区区
> 之念，欲相从谈读（？）。客处空贫，无缘自前，言不有惭。
> 财自空祀，将命冀见，乃得公々。贱子习逸幺。惶恐顿首。①
>
> （《长沙东牌楼东汉简牍》J7②：1006）

由于古代交通不便，书牍主要靠熟人的捎递，往来不易，所以一般书牍在问候之外，还会传递其他的一些信息，如汇报自己或亲友的近况、身边发生的事情，请求捎带钱物或者是自己托人带去物品，等等。

初《与丈人书》：

> ・初叩头多问
> 丈人寒时初叩头愿丈人近衣强奉酒食初叩头幸甚甚初寄□赣练布二两□□者丈人数寄书
> 使初闻丈人毋恙初叩头幸甚幸甚丈人遗初手衣已到②
>
> （《居延汉简释文合校》 乙附51）

初在书牍中问候祝愿丈人的同时，还告诉丈人自己还托人带去了物品，丈人带来的衣物收到了。

宣《致幼孙书》：

> 宣伏地再拜请
> 幼孙少妇足下甚苦塞上暑时愿幼孙少妇足衣强食慎塞上宣幸得幼孙力过行边毋它急

---

① 长沙市文物考古研究所、中国文物研究所编：《长沙东牌楼东汉简牍》，第88页。
② 谢桂华、李均明、朱国炤：《居延汉简释文合校》，第677页。

> 　　　　幼都以闰月七日与长史君俱之居延言丈人毋它急发卒不审得见幼孙
> 不它不足数来
> 　　　　　　记宣以十一日对候官未决谨因使奉书伏地再拜
> 　　幼孙少妇足下朱幼季书愿高掾幸为到临渠隧长
> 　　对幼孙治所·书即日起候官行兵使者幸未到　愿豫自辩毋为诸
> 　　部殿。①

（《居延汉简释文合校》10·16）

书牍中，丈夫向妻子致以问候，表达感谢之情，叙述了他现在的工作情况。他还告诉妻子说见到了与长吏一同来居延的幼都（幼孙的兄弟），幼都说父亲身体好，另外还提到了朱幼季写给他的书牍中的一些情况。

《匡家书》：

> 　　不既书上得毋齐也谨因叩头言匡衣审时下家当有
> 　　去相市谨叩头唯时卿即有来者幸寄一记来
> 　　家弟寄书书已□到独物未来耳匡叩头□
> 　　□敢厚自赏来往者数乃起居毋恙谨
> 　　物又　幸赐　幸赐②

（《居延汉简释文合校》140·4）

书牍的开头部分缺失，从内容中可知致书人名匡，是写给家人的。文中提到，家里捎来的书牍已收到，但物品一直未收到，于是写信询问并催促家人尽快将物品寄来。

时《与翁系书》：

> 　　第时谨伏地再拜请翁系足下善毋恙甚苦候望事方春不和时伏愿翁系
> 　　将侍近衣便酒食明察蓬火事宽忍小人毋行庶浇时幸甚幸甚=③

---

① 谢桂华、李均明、朱国炤：《居延汉简释文合校》，第15页。
② 谢桂华、李均明、朱国炤：《居延汉简释文合校》，第231页。
③ =：原简牍上的符号。

伏地再拜请
时伏愿翁系有往来者便赐记令时奉闻翁系绂急严教①

（《敦煌汉简释文》1448）

这封书牍是写在一件七面棱形觚上的，文字分两部分，前半部分乃笔录某诏书的一部分，后半部分为书牍，七十九字。研究者指出，"这枚觚是当时烽燧某戍卒反复摹写、笔削过的一篇练字的习作"②，其范本的性质说明此书牍样式在当时比较普遍。

窦岩《与李掾书》：

窦岩叩头白
· 罪法何敢逆意哉☐③
李掾☐者见未久辱记告以陑政敬☐☐
大急身常恐不能自脱搒笞欲干☐☐
县官荄自完在燔离中出公开之校☐④

（《肩水金关汉简》73EJT23：731AB）

致信人窦岩写信感谢李掾告知的情况，需要上交的荄在燔离中，可以送往校尉府，并陈述自己不会违法犯事。

（二）请托类书牍

在人际交往中，难免要求人帮忙办事、向人借财借物。或因相距较远无法当面相求，或因碍于面子，避免被拒绝后遭遇尴尬，在这种情况下，请托书牍应运而生。

托人情、走后门的请托书牍盛行于官场，贵族官僚们基于私人利益凭借

---

① 吴礽骧、李永良、马建华释校：《敦煌汉简释文》，兰州：甘肃人民出版社，1991年，第150页。
② 甘肃省文物工作队、甘肃省博物馆编：《汉简研究文集》，兰州：甘肃人民出版社，1984年，第17页。
③ ☐：简牍上下残断不可释读。
④ 甘肃简牍保护研究中心、甘肃省文物考古研究所、甘肃省博物馆，等编：《肩水金关汉简》（贰）下册，上海：中西书局，2012年，第107页。

自己的权势,向其他人提出要求,希望对方能给予自己方便或帮助。翟方进为丞相廉洁"请托不行郡国"①。何武任官期间"欲除吏,先为科例以防请托"②。红阳侯王立写信给函谷关都尉杜业,请他照顾一下自己的姐姐,出关时不要难为:"诚哀老姊垂白,随无状子出关,愿勿复用前事相侵。"③陈咸长期在地方为官,为升迁而贿赂陈汤,并附书一封曰:"即蒙子公力,得入帝城,死不恨。"④东汉时期,随着人际关系在官场越来越受到重视,请托之风更为盛行:"今选举不实,邪佞未去,权门请托,残吏放手,百姓愁怨,情无告诉。"⑤冯衍写信给阴就,请托他帮自己疏通一下能到东平王或山阳王手下任职:

> 衍闻神龙骧首,幽云景蒸,明圣修德,志士思名。是以意同情合,声比相应也。伏见君侯忠孝之性,慈仁殷勤,论义周密,思虑深远。顾以微贱,数蒙圣恩,被侯大惠。衍年老被病,恐一旦无禄,命先犬马,怀抱不报,赍恨入冥,思剖肝胆,有以塞责。方今天下安定,四海咸服,蒙恩更生之臣,无所效其死力。侧闻东平、山阳王壮当之国,择除官属,衍不自量,愿侯白以衍备门卫。⑥

在汉明帝的打击下,此风稍有抑制,"梁、窦之家,互有非法,明帝即位,竟多诛之。自是洛中无复权戚,书记请托一皆断绝"⑦。不过很快请托之风愈演愈烈,尤其是在中央或地方郡县察举取士之时更甚。河南尹田歆说:"今当举六孝廉,多得贵戚书命,不宜相违。"⑧史弼为河东太守察举选士时,"弼知多权贵请托,乃豫敕断绝书属。中常侍侯览果遣诸生赍书请之,并求假盐税,积日不得通"⑨。

---

① 《汉书》卷84《翟方进传》,第3417页。
② 《汉书》卷86《何武传》,第3485页。
③ 《汉书》卷60《杜钦传》,第2679页。
④ 《汉书》卷66《陈咸传》,第2902页。
⑤ 《后汉书》卷2《明帝纪》,第98页。
⑥ (清)严可均辑,许振生审订:《全后汉文》卷20,第197页。
⑦ 《后汉书》卷41《第五伦传》,第1398页。
⑧ 《后汉书》卷56《种暠传》,第1826页。
⑨ 《后汉书》卷64《史弼传》,第2111页。

日常生活中,人们也借助书牍的方式,请托别人帮忙。东方朔向公孙弘借车马可谓理直气壮:

> 盖闻爵禄不相责以礼,同类之游,不以远近为叙。是以东门先生居蓬户空穴之中,而魏公子一朝以百骑尊宠之。吕望未尝与文王同席而坐,一朝让以天下半。大丈夫相知,何必抚尘而游,垂发齐年,偃伏以日数哉。
>
> 朔当从甘泉,愿借外厩之后乘。木槿夕死朝荣,士亦不长贫也。①

刘歆以建功立业、名流千古为激励,希望能借到扬雄所著的《方言》,以便编入他正在整理的目录中:

> 歆叩头,昨受诏宓五官郎中,田仪与官婢陈征、骆驿等私通,盗刷越巾事,即其夕竟归府,诏问三代周秦轩车使者、遒人使者以岁八月巡路,求代语僮谣歌戏,欲得其最目。因从事郝隆求之有日,篇中但有其目,无见文者……
>
> 歆虽不遴过庭,亦克识先君雅训。三代之书,蕴藏于家,直不计耳。今闻此,甚为子云嘉之已。今圣朝留心典诰,发精于殊语,欲以验考四方之事,不劳戎马高车之使,坐知僻俗,适子云攘意之秋也。不以是时发仓廪以振赡,殊无为明语,将何独挈之宝。上以忠信明于上,下以置恩于罢朽,所谓知蓄积善布施也。盖萧何造律,张仓推历,皆成之于帷幕,贡之于王门,功列于汉室,名流乎无穷。诚以隆秋之时,收藏不殆;饥春之岁,散之不疑,故至于此。今谨使密人奉手书,愿颇与其最目。得使入箓,令圣朝留明明之典,歆叩头叩头。②

《元致子方书》曰:

> 元伏地再拜请子方足下,善毋恙!苦道子方发,元失候不侍驾,有

---

① (清)严可均辑,任雪芳审订:《全汉文》卷25,北京:商务印书馆,1999年,第255页。
② (清)严可均辑,任雪芳审订:《全汉文》卷40,第415~416页。

死罪。丈人、家室、儿子毋恙，元伏地愿子方毋忧。丈人、家室元不敢忽骄，知事在库，元谨奉教。暑时元伏地愿子方适衣、幸酒食、察事，幸甚！谨道：会元当从屯敦煌，乏沓（鞜），子方所知也。元敢不自外，愿子方幸为元买沓（鞜）一两，绢韦，长尺二寸；笔五枚，善者，元幸甚。钱请以便属舍，不敢负。愿子方幸留意，沓（鞜）欲得其厚、可以步行者。子方知元数烦扰，难为沓（鞜）。幸甚幸甚！所因子方进记差次孺者，愿子方发过次孺舍，求报。次孺不在，见次孺夫人容君求报，幸甚，伏地再拜子方足下！所幸为买沓者愿以属先来吏，使得及事，幸甚。元伏地再拜再拜！吕子都愿刻印，不敢报，不知元不肖，使元请子方，愿子方幸为刻御史七分印一，龟上，印曰：吕安之印。唯子方留意，得以子方成事，不敢复属它人。·郭营尉所寄钱二百买鞭者，愿得其善鸣者，愿留意。自书：所愿以市事幸留意留会勿忽，异于它人。①

（《敦煌悬泉置汉简》Ⅱ0114③：611）

元在礼节性地问候了朋友子方后，提出了几件委托事宜：买鞋子、笔，捎信，并帮吕子都刻一枚印章、郭营尉买鞭子等。

受《与子丽书》：

受叩头言
子丽足下□白过客五人□不□叩头叩头谨因言子丽幸许为卖材至今未得蒙
恩受幸叩头材贾三百唯子丽□□决卖之今霍回又迁去唯子丽
□□□
必为急卖之子丽校□□□□必赐明教叩头幸甚幸甚谨□□□
奉钱再拜子丽足下钱当□节□　　　张君长②

（《居延汉简释文合校》142·28）

子丽曾经许诺帮助受做成木材生意，现在到了木材价格上涨的时候，受

---

① 胡平生、张德芳编撰：《敦煌悬泉汉简释粹》，第187页。
② 谢桂华、李均明、朱国炤：《居延汉简释文合校》，第235～236页。

即催促子丽赶快卖掉。受还要付给子丽一笔酬金。后面署名应是受的姓和字。

《候普与左子渊书》：

> 候普白　　具记之它所欲力所任愿闻之迫不及一∨①二致自=忍｜
> 左子渊顷起居得毋有它子渊舍中皆毋它急普属从酒泉来到会左曼卿当
> 西候仓卒为记不及一∨二前普所寄弓及鞌幸为付左曼卿来弓鞌皆②
> 　　　　　　　　　　　　　　　　　　　　　　　（《敦煌汉简释文》7）

致信人候普刚刚从酒泉来，要与左曼卿会面。候普写信给左子渊，希望左子渊能把他以前寄过来的弓和鞍交付左曼卿。

（三）赠物类书牍

礼物在人们的社会礼仪交往中能起到表达情意、增进感情的作用。除了礼仪性的礼物馈赠以外，亲友之间日常生活中也用赠物的方式联络情感，其中有些附书牍一件，说明原因、罗列物品。

赵飞燕被封为皇后，其女弟合德在昭阳殿遗飞燕书：

> 今日嘉辰，贵姊懋膺洪册，谨上襚三十五条，以陈踊跃之心：金华紫轮帽、金华紫罗面衣、织成上襦、织成下裳、五色文绶……真雄麝香、七枝灯③

丁鸿为辞封爵，写书牍给弟弟丁盛曰：

> 鸿贪经书，不顾恩义，弱而随师，生不供养，死不饭唅，皇天先祖，并不祐助，身被大病，不任茅土。前上疾状，愿辞爵仲公，章寝不报，迫且当袭封。谨自放弃，逐求良医。如遂不瘳，永归沟壑。④

---

① ∨：简牍上原有的符号。
② 吴礽骧、李永良、马建华释校：《敦煌汉简释文》，第1页。
③ （汉）刘歆撰，（晋）葛洪集，向新阳、刘克任校注：《西京杂记校注》卷1，上海：上海古籍出版社，1991年，第62页。
④ 《后汉书》卷37《丁鸿传》，第1263页。

秦嘉由于妻子生病不能和自己一起前往洛阳，心情惆怅，送几件物品给妻子，以表示自己的关爱之情：

> 车还空反，甚失所望，兼叙远别。恨恨之情，顾有怅然。间得此镜，既明且好，形观文彩，世所希有，意甚爱之，故以相与。并致宝钗一双，价值千金；龙虎组履一纲；好香四种各一斤；素琴一张，常所自弹也。明镜可以鉴形，宝钗可以耀首，芳香可以馥身去秽，麝香可以辟恶气，素琴可以娱耳。①

崔瑗家贫，为向朋友葛元甫表达自己的一份情谊，送上用纸张写成的《许子》十卷：

> 今遣奉书钱千为赞，并送《许子》十卷，贫不及素，但以纸耳。②

杜林与马援是同乡好友，平素关系甚笃。杜林家的马死了，马援令儿子送了一匹马给杜林。数月后，杜林派遣儿子送书牍给马援，写道：

> 将军内施九族，外有宾客，望恩者多。林父子两人食列卿禄，常有盈，今送钱五万。③

二、社交礼仪书牍

秦汉时期人们的社会交往遵循一定的礼节仪式，如朋友之间"送往迎来，吊死问疾"的交往礼节必不可少。刘邦以吏的身份到咸阳服徭役，朋友们皆出钱相赠，"高祖以吏徭咸阳，吏皆送奉钱三，何独以五"④。公孙弘赴长安，

---

① （清）严可均辑，许振生审订：《全后汉文》卷66，第673页。
② （清）严可均辑，许振生审订：《全后汉文》卷45，第452页。
③ 《后汉书》卷27《杜林传》注引《东观记》，第936页。
④ 《史记》卷53《萧相国世家》，第2013页。

邹长倩赠言赠物。在战国以来商品经济蓬勃发展的时代背景下，金钱财物逐渐在人们社会交往礼节中占据重要地位。迎来送往、吊死问疾、恭贺喜事时，往往都赠送金钱、物品来表达情感和愿望，物被人们赋予了感情的意义和价值色彩。随着秦汉整个社会文化水平的提高，为了向对方更为准确地传达自己的情感，赠物者往往会附书牍一件，列出物品的名称，叙说缘由并向受书人表达自己的情感，有时单独的书牍也可以作为赠品。

社会交往礼仪中的书牍主要是交际行为的补充说明，其本身负载的信息量相对较少，依据不同的交际方式，主要有以下几类。

（一）贺、吊类书牍

如果遇到重要节日、喜庆之事等，亲友往往会向其表示庆贺。"贺"一般是由庆贺者向庆贺对象赠送礼物或用语言来表达，腊日有每年岁终的重大的腊祀活动，相互祝贺是民众普遍的行为。

> 肉十斤　谨奉再拜腊　赵叔离
> 白秦掾　贫薄客（？）祈□不副□□非
> 吕掾　□秦狐□白□会相迟易勿
> 远（？）□□□谨请顿首顿首再拜再拜①

秦汉时期，重要的节日"岁初"也是如此："腊者，岁终大祭，纵吏民宴饮。非迎气，故但送不迎。正月岁首，亦如腊仪。"②彭因工作关系不能亲自送礼物给经常关照自己的子侯，于是托人送去礼物并附书牍说明原因，表达贺意：

> 吏奴下薄贱多所迫迫近官廷不得去尺寸间数失往入甚毋状叩头子侯不羞苋

---

① 湖南省文物考古研究所、中国文物研究所：《湖南张家界古人堤简牍释文与简注》，《中国历史文物》2003年第2期，第77～78页。
② 《后汉书》卷95《礼仪志中》注引《独断》，第3127页。

贫人收录置意中教身见以报厚恩彭叩头因道彭今年毋状小疾
内钱家室分离独居困致毋礼物至子侯君□前甚毋状独赐腊
贺初岁宜当奔走至前迫有行塞者未敢去署叩头请侯间
司便致言解俱叩头顷得谒见始除盛寒不和唯为时平衣强奉
酒食愚戆毋伦甚焉叩头数已张子春累毋已子侯奉以彭故不
遣亡至意得已蒙厚恩甚厚谨因子春致书彭叩头单
记□□□不谒彭叩头①

(《居延汉简释文合校》 495·4AB)

卢绾的父亲与刘邦的父亲关系很好，"及生男，高祖、卢绾同日生，里中持羊酒贺两家。及高祖、卢绾壮，俱学书，又相爱也。里中嘉两家亲相爱，生子同日，壮又相爱，复贺两家羊酒"②。萧何拜为相国，"诸君皆贺"③。在正式的场合中，有些还要用书面写成的庆贺词语。刘邦为亭长时，吕公到沛县县令家做客，沛县的官吏豪杰纷纷前去拜见并送贺礼。刘邦 "乃绐为谒曰'贺钱万'，实不持一钱。谒入，吕公大惊，起，迎之门"④。东汉时期，丹阳太守马棱"坐盗贼事被征，当诣廷尉，吏民不宁，南特通谒贺"⑤。在李南看来，太守将有喜事，故向太守投"谒"表示庆贺，此"谒"中应该有贺词，所以太守看到后，"棱意有恨，谓曰：'太守不德，今当即罪，而君反相贺邪？'"⑥在庆贺的重要时刻，如果不能亲自前往，就会专门派人或托人送去礼物，同时附以书牍说明心意。

亲友之间不仅参与并分享彼此人生的幸福和喜悦，也分担彼此的痛苦和不幸。战国秦汉时期"贺者在门，吊者在闾"的谚语常常被人们用来比喻祸福无常，相伴而生，可见，吊问与庆贺一样，都是人们社会交往中重要的礼节。不仅在亲友之家遭遇丧葬时要去吊问，在亲友将遭遇不幸时，也要及时吊问，向其表达慰藉或提醒。与贺一样，吊通常用言辞表达。"孙叔敖为令尹，

---

① 谢桂华、李均明、朱国炤：《居延汉简释文合校》，第 592~593 页。
② 《史记》卷 93《韩信卢绾列传》，第 2637 页。
③ 《史记》卷 53《萧相国世家》，第 2017 页。
④ 《史记》卷 8《高祖本纪》，第 344 页。
⑤ 《后汉书》卷 82 上《方术传》，第 2716 页。
⑥ 《后汉书》卷 82 上《方术传》，第 2716~2717 页。

一国吏民皆来贺。有一老父衣粗衣，冠白冠，后来，吊曰：'有身贵而骄人者，民亡之；位已高而擅权者，君恶之；禄已厚而不知足者，患处之。'"①吕后用萧何计诛杀淮阴侯韩信，拜丞相萧何为相国，益封五千户。结果"诸君皆贺，召平独吊"，召平对萧何说："祸自此始矣。上暴露于外而君守于中，非被矢石之事而益君封置卫者，以今者淮阴侯新反于中，疑君心矣。夫置卫卫君，非以宠君也。愿君让封勿受，悉以家私财佐军，则上心说。"②也有以书面形式表达的吊问。如东汉时太原郡有旧俗，在介子推忌日所属的月份里，百姓不举烟火，皆寒食，老弱婴幼多死者。周举任并州刺史，"举既到州，乃作吊书以置子推之庙，言盛冬去火，残损民命，非贤者之意，以宣示愚民，使还温食"③。从《后汉书》所列的士大夫的著作看，吊文是士大夫写作的重要组成部分。如胡广的著述有"其余所著诗、赋、铭、颂、箴、吊及诸解诂，凡二十二篇"④。蔡邕的著述有"诗、赋、碑、诔、铭、赞、连珠、箴、吊、论议、《独断》、《劝学》、《释诲》、《叙乐》、《女训》、《篆执》、祝文、章表、书记，凡百四篇"⑤。众所周知，在庆贺仪式中，有书面形式的参与，呈上庆贺之谒或以书牍形式都可以表达庆贺之意。而吊问的表达与庆贺的表达形式基本相同，即除了言辞之外，也可有书面形式参与。据此推测，如果人们不能亲自向亲友表达吊问之情，应该也会以书牍的形式表达。

（二）送行类书牍

古代，交通不便，旅途艰险，对人们来说，出门远行是件很重要的事情，流行于战国秦汉时期社会中下层的《日书》中，有专门针对出行的择日禁忌。亲友出门远行，赠物是资助远行的人顺利完成旅途，赠言则是表达朋友的一片关切之情。春秋时期，在送行赠物的习俗之上衍生出"赠言"。曾子出行，晏子送他说："君子赠人以轩，不若以言。吾请以言之，以轩乎？"⑥秦汉时

---

① 《史记》卷119《循吏列传》注引《说苑》，第3099页。
② 《史记》53《萧相国世家》，第2017页。
③ 《后汉书》卷61《周举传》，第2024页。
④ 《后汉书》卷44《胡广传》，第1511页。
⑤ 《后汉书》卷60下《蔡邕传》，第2007页。
⑥ （清）孙星衍、黄以周校：《晏子春秋》卷5，上海：上海古籍出版社，1989年，第39页。

期出现了赠物附书牍以说明物品之意,或以书牍代替赠言的现象。公孙弘被荐举为贤良,即将到京城,邹长倩在赠物的同时附书一封,一一表述几件礼物的引申意义,菲薄的礼物顿时具有了非凡的价值:

> 公孙弘以元光五年为国士所推,上为贤良。国人邹长倩以其家贫,少自资致,乃解衣裳以衣之,释所着冠履以与之,又赠以生刍一束、素丝一襚,扑满一枚,书题遗之曰:"夫人无幽显,道在则为尊。虽生刍之贱也,不能脱落君子,故赠君生刍一束。诗人所谓'生刍一束,其人如玉'。五丝为䌷,倍䌷为升,倍升为緎,倍緎为纪,倍纪为緵,倍緵为襚,此自少之多,自微至著也。士之立功勋,效名节,亦复如之,勿以小善不足修而不为也。故赠君素丝一襚。扑满者,以土为器,以畜钱具,其有入窍而无出窍,满则扑之。土,粗物也;钱,重货也。入而不出,积而不散,故扑之。士有聚敛而不能散者,将有扑满之败,可不诫欤。故赠君扑满一枚。猗嗟盛欤!山川阻修,加以风露。次卿足下,勉作功名。窃在下风,以俟嘉誉。"①

汉成帝时,段会宗再次被任命为西域督护,其友谷永写信赠言,朋友的殷殷之情、恳恳之意溢于言表:

> 足下以柔远之令德,复典都护之重职,甚休甚休!若子之材,可优游都城而取卿相,何必勒功昆山之仄,总领百蛮,怀柔殊俗?子之所长,愚无以喻。虽然,朋友以言赠行,敢不略意。方今汉德隆盛,远人宾服,傅、郑、甘、陈之功没齿不可复见,愿吾子因循旧贯,毋求奇功,终更亟还,亦足以复雁门之踦。万里之外以身为本。愿详思愚言。②

---

① (汉)刘歆撰,(晋)葛洪集,向新阳、刘克任校注:《西京杂记校注》卷5,第214~215页。
② 《汉书》卷70《段会宗传》,第3029页。

（三）问疾类书牍

秦汉社交中，亲人、朋友、上级患病时，应亲自前往看望问候。汉宣帝时丞相生病，二千石官员纷纷递上问疾之谒。桓荣为帝王师傅，深得看重，因此在他患病期间"自是诸侯将军大夫问疾者，不敢复乘车到门，皆拜床下"①。"汉中晋文经、梁国黄子艾，并恃其才智，炫曜上京，卧托养疾，无所通接。洛中士大夫好事者，承其声名，坐门问疾，犹不得见。"②

安徽天长西汉墓中的书牍，从内容上看，应该是墓主人生前患病期间不能亲自前来看望的亲友们的问疾书牍，其中一封为：

孟臘不安善少谕被宜身被至（？）疕视病不宵（肖）伏病幸毋重罪幸甚幸甚

贱弟方被宜身至前不宵（肖）伏病谨使使者幸□伏地再拜

请

孟马足下寒时少进酒食近衣炭□病自愈以□□幸甚幸甚

米一石鸡一只

贱弟方被使使者伏地再拜

进

孟外厨　野物辛卯廷被幸甚幸甚③

（《安徽天长西汉墓发掘简报》M19∶40-12）

问疾类书牍首先要写明得知对方有病，自己不能前来的原因，然后是向受书人表达自己的问候和关心，如果有礼物，则会在书牍上写明。

（四）介绍类书牍

三代礼乐文化氛围中，贵族们的各种人际活动非常重视介质纽带作用。

---

① 《后汉书》卷37《桓荣传》，第1253页。
② 《后汉书》卷68《符融传》，第2232页。
③ 天长市文物管理所、天长市博物馆：《安徽天长西汉墓发掘简报》，《文物》2006年第11期，第20页。

宾主见面必以介者传辞，以礼物传意。秦汉时期在传承历史传统的基础上，以人为介之外出现了新形式，即以书牍为介，打破了人介质在时间上、空间上受到的种种局限性。曹丘生从窦长君处请得介绍书牍，去拜见季布，"及曹丘生归，欲得书请季布"①。汉代流行的"谒"应该被看作介绍类书牍的变体，谒可以是第三方书写，如尹湾汉简 YM6D20：

进
师君兄
容丘侯谨使吏奉谒再拜
问
疾②

也可以是致书人自己书写，其所起的作用就是向受书人介绍情况。如尹湾十谒中 YM6D23 为拜访之谒：

进长安令
儿君
东海大守功曹史饶谨请吏奉谒再拜
请
咸卿足下　　　　师君兄③

（五）报书

对于亲友写给自己的书牍，无论对方是否要求回信，受信一方都会给对方回信，秦汉称为"报"。"报"类书牍在文献资料中数量很多，且从内容上看包罗万象，但是在功能上属于社交礼仪的书牍，是先秦礼制精神——礼尚

---

① 《史记》卷100《季布列传》，第2731页。
② 连云港市博物馆、东海县博物馆、中国社会科学院简帛研究中心，等编：《尹湾汉墓简牍》，北京：中华书局，1997年，第136页。
③ 连云港市博物馆、东海县博物馆、中国社会科学院简帛研究中心，等编：《尹湾汉墓简牍》，第137页。

往来的产物。它的写作具有外在的规定性,接到别人书牍而不予回复是失礼行为;受人钱财应回信予以感谢。酷吏严延年回复张敞劝其少用刑杀的劝诫书牍曰:

> 河南天下喉咽,二周余毙,莠盛苗秽,何可不锄也?自矜伐其能,终不衰止。①

张敞《答朱登遗蟹酱书》曰:

> 蘧伯玉受孔子之赐,必以及其乡人。敞谨分斯贶于三老尊行者,曷敢独享之?②

皇甫规《与刘司空笺》:

> 明公至德,佐国忧世,虽赠两梁冠及鲐鱼一双,服厚尊贶,荣施其宏。③

信《与次君书》

> 信伏地再拜多问
> 次君君平足下厚遗信非自二信幸甚寒时信愿次君君平近衣强酒食察事毋自易信幸甚薄礼
> □絮一信再拜进君平来者数寄书使信奉闻次君君平毋恙信幸甚伏地再拜再拜
> 次君君平足下④

(《居延汉简释文合校》乙附51)

---

① 《汉书》卷90《酷吏传》,第3670页。
② (清)严可均辑,任雪芳审订:《全汉文》卷30,第308页。
③ (清)严可均辑,许振生审订:《全后汉文》卷61,第624页。
④ 谢桂华、李均明、朱国炤:《居延汉简释文合校》,第677页。

刘歆写书牍给扬雄,希望能得到他收集各地方言写成的《殊言》。扬雄回报书曰:

> 雄叩头,赐命谨至,又告以田仪事,事穷竟,白案显出,甚厚。甚厚田仪与雄同乡里,幼稚为邻,长艾相更,视觊动精采,似不为非者,故举至日雄之任也。不意淫迹暴于官朝,令举者怀赧而低眉,任者含声而宛舌。知人之德,尧犹病诸,雄何惭焉?叩头叩头,又敕以《殊言》十五卷,君何由知之?谨归诚底里,不敢违信。……诚欲崇之就之,不可以遗,不可以怠。即君必欲胁之以威,陵之以武,欲令入之于此,此又未定,未可以见。今君又终之,则缢死以从命也。而可且宽假延期,必不敢有爱。雄之所为,得使君辅贡于明朝,则雄无恨,何敢有匿?唯执事图之,长监于规绣之就,死以为小,雄敢行之,谨因还使,雄叩头叩头。①

桓谭向班嗣借书,班嗣报书不与:

> 若夫严子者,绝圣弃智,修生保真,清虚澹泊,归之自然,独师友造化,而不为世俗所役者也。渔钓于一壑,则万物不奸其志。栖迟于一丘,则天下不易其乐。不绁圣人之罔,不嗅骄君之饵,荡然肆志,谈者不得而名焉,故可贵也。今吾子已贯仁谊之羁绊,系名声之缰锁,伏周、孔之轨躅,驰颜、闵之极挚,既系挛于世教矣,何用大道为自眩曜?昔有学步于邯郸者,曾未得其仿佛,又复失其故步,遂匍匐而归耳!恐似此类,故不进。②

受人劝诫则会回信感谢教诲并针对致书人提出的问题给予解释。这类书牍在文献资料中比较多见,如杨王孙的《报祁侯缯它书》、司马迁的《报任安书》、杨恽的《报孙会宗书》、严延年的《报张敞书》、应场的《报庞惠恭书》等。

---

① (清)严可均辑,任雪芳审订:《全汉文》卷52,第533~535页。
② 《汉书》卷100上《叙传》,第4205~4206页。

三、教诫书牍

教诫书牍是以劝勉、教诫他人为旨趣的书牍。在秦汉雄浑开放的时代背景及儒家思想的影响下，民众具有强烈的主动性和积极性，对自己的社会角色充满期待，热切希望在社会中实现自我价值，对他人、社会、国家有着极强的责任感。汉乐府诗歌《枯鱼过河泣》以鱼拟人，生动地表现了时人在遇到重大困难挫折时，第一反应是要告诫他人避免的责任感："枯鱼过河泣，何时悔复及！作书与鲂鱮，相教慎出入。"①秦汉民众对他人的教诫秉持欢迎接受的态度，把有益人生的教诫称为"德音""严教"。

（一）对朋友的教诫书牍

对朋友的教诫书牍是面对亲友或他人行为或道德操守不符合其社会角色，或者是其行为会危害其自身而毫无察觉的情况，往往会直言不讳向对方提出。秦汉文献资料中保存了大量这一类书牍，其是秦汉书牍独具特色的方面。

积极入仕或者向朝廷推荐人才实现自己的社会价值是秦汉人们主流的价值观。当友人的行为有悖于这样的原则时，就会与书提醒。司马迁为中书令后，其友人益州刺史任安"予迁书，责以古贤臣之义……教以慎于接物，推贤进士为务"②。司马迁在接受别人谏诫的同时，也对朋友提出谏诫。其友挚峻（字伯陵）很有才能，却不愿从政，甘愿当隐士，迁与书相劝，希望他能积极入世，建功立业：

> 迁闻君子所贵乎道者三，太上立德，其次立功，其次立言。伏惟伯陵材能绝人，高尚其志，以善厥身，冰清玉洁，不以细行荷累其名，固

---

① （宋）郭茂倩：《乐府诗集》，北京：中华书局，1979年，第1044页。
② 《汉书》卷62《司马迁传》，第2725页。

已贵矣。然未尽太上之所繇也,愿先生少致意焉。①

汉宣帝时大司农朱邑虽秉公无私,但未能为朝廷推荐人才,胶东相张敞与邑书曰:

明主游心太古,广延茂士,此诚忠臣谒思之时也。直敞远守剧郡,驭于绳墨,匈臆约结,固亡奇也。虽有,亦安所施?足下以清明之德,掌周稷之业,犹饥者甘糟糠,穰岁余粱肉,何则?有亡之势异也。昔陈平虽贤,须魏倩而后进;韩信虽奇,赖萧公而后信。故事各达其时之英俊,若必伊尹、吕望而后荐之,则此人不因足下而进矣。②

申屠蟠不应公府辟命,同郡黄忠与书劝说:

前莫府初开,至如先生,特加殊礼,优而不名,申以手笔,设几杖之坐。经过二载,而先生抗志弥高,所尚益固。窃论先生高节有余,于时则未也。今颍川荀爽载病在道,北海郑玄北面受署。彼岂乐羁牵哉,知时不可逸豫也。昔人之隐,遭时则放声灭迹,巢栖茹薇。其不遇也,则裸身大笑,被发狂歌。今先生处平壤,游人间,吟典籍,袭衣裳,事异昔人,而欲远蹈其迹,不亦难乎!孔氏可师,何必首阳。③

樊长孙写信给越骑校尉刘千秋,希望他能修定礼仪,以益当世:

汉家礼仪,叔孙通等所草创,皆随律令在理官,藏于几阁,无纪录者,久令二代之业,暗而不彰。诚宜撰次,依拟《周礼》,定位分职,各有条序,令人无愚智,入朝不惑。君以公族元老,正丁其任,焉可以已。④

---

① (清)严可均辑,任雪芳审订:《全汉文》卷26,第270页。
② 《汉书》卷89《循吏传》,第3635~3636页。
③ 《后汉书》卷53《申屠蟠传》,第1753页。
④ (清)严可均辑,许振生审订:《全后汉文》卷59,第607页。

陈球为联合司徒李郃铲除宦官，与书曰：

> 公出自宗室，位登台鼎，天下瞻望，社稷镇卫，岂得雷同容容无违而已？今曹节等放纵为害，而久在左右，又公兄侍中受害节等，永乐太后所亲知也。今可表徙卫尉阳球为司隶校尉，以次收节等诛之。政出圣主，天下太平，可翘足而待也。①

李固平素仰慕黄琼，希望黄琼能积极仕进，匡世济民，书牍用语委婉，语重心长：

> 闻已度伊、洛，近在万岁亭，岂即事有渐，将顺王命乎？盖君子谓伯夷隘，柳下惠不恭，故传曰"不夷不惠，可否之间"。盖圣贤居身之所珍也。诚遂欲枕山栖谷，拟迹巢、由，斯则可矣；若当辅政济民，今其时也。自生民以来，善政少而乱俗多，必待尧舜之君，此为志士终无时矣。常闻语曰："峣峣者易缺，皦皦者易汙。"《阳春》之曲，和者必寡，盛名之下，其实难副。近鲁阳樊君被征初至，朝廷设坛席，犹待神明。虽无大异，而言行所守无缺。而毁谤布流，应时折减者，岂非观听望深，声名太盛乎？自顷征聘之士，胡元安、薛孟尝、朱仲昭、顾季鸿等，其功业皆所采，是故俗论皆言处士纯盗虚声。愿先生弘此远谟，令众人叹服，一雪此言耳。②

更多的劝诫书牍是针对对方的为人处世、言行举止、交友等行为而作。季布与窦长君是好友，听说长君与楚人曹丘生友善，寄书谏长君曰：

> 吾闻曹丘生非长者，勿与通。③

杨恽被朝廷贬，居家不修身谨慎，而是交通宾客、从事货殖、歌舞娱乐。

---

① 《后汉书》卷56《陈球传》，第1834页。
② 《后汉书》卷61《黄琼传》，第2032页。
③ 《史记》卷100《季布栾布列传》，第2731页。

孙会宗写信予以劝告：

> 大臣废退，当闭门惶惧，为可怜之意，不当治产业，通宾客，有称誉。①

汉昭帝时，光禄大夫丙吉针对好友魏相吏治严肃，写信劝诫：

> 朝廷已深知弱翁治行，方且大用矣。愿少慎事自重，臧器于身。②

汉宣帝时，河南太守严延年用刑刻急，京兆尹张畅与书劝其慎用诛伐：

> 昔韩卢之取菟也，上观下获，不甚多杀。愿次卿少缓诛罚，思行此术。③

杨终与太后兄卫尉马廖友善，马廖诸子行为轻薄，而马廖不训诫诸子，杨终以书戒之曰：

> 终闻尧舜之民，可比屋而封；桀纣之民，可比屋而诛。何者？尧舜为之堤防，桀纣示之骄奢故也。《诗》曰："皎皎练丝，在所染之。"上智下愚，谓之不移；中庸之流，要在教化。《春秋》杀太子母弟，直称君甚恶之者，坐失教也。《礼》制，人君之子年八岁，为置少傅，教之书计，以开其明；十五置太傅，教之经典，以道其志。汉兴，诸侯王不力教诲，多触禁忌，故有亡国之祸，而乏嘉善之称。今君位地尊重，海内所望，岂可不临深履薄，以为至戒！黄门郎年幼，血气方盛，既无长君退让之风，而要结轻狡无行之客，纵而莫诲，视成任性，鉴念前往，可为寒心。君侯诚宜以临深履薄为戒。④

---

① 《汉书》卷66《杨恽传》，第2894页。
② 《汉书》卷74《魏相传》，第3134页。
③ 《汉书》卷90《酷吏传》，第3670页。
④ 《后汉书》卷48《杨终传》，第1599～1600页。

在专制皇权之下，民众乃至官僚士大夫的人生际遇很难预料，如何在世道艰危、险难莫测的社会中求取生存，需要人生的智慧。明哲保身的自我保存意识不仅是自己生存的座右铭，也可用其来劝诫亲友，避免遭受祸殃。盖宽饶为人刚直奉公，刺举无所回避，得罪朝臣甚多，也经常触怒龙颜。太子庶子王生与书劝诫，希望他能明哲保身：

> 明主知君洁白公正，不畏强御，故命君以司察之位，擅君以奉使之权，尊官厚禄已施于君矣。君宜夙夜惟思当世之务，奉法宣化，忧劳天下，虽日有益，月有功，犹未足以称职而报恩也。自古之治，三王之术各有制度。今君不务循职而已，乃欲以太古久远之事匡拂天子，数进不用难听之语以摩切左右，非所以扬令名全寿命者也。方今用事之人皆明习法令，言足以饰君之辞，文足以成君之过，君不惟蘧氏之高踪，而慕子胥之末行，用不訾之躯，临不测之险，窃为君痛之。夫君子直而不挺，曲而不诎。《大雅》云："既明且哲，以保其身。"狂夫之言，圣人择焉。唯裁省览。①

（二）对后辈的教诫书牍

秦汉民众往往会通过书牍的形式，将自己的人生阅历、生活经验、治学心得加以总结，对后辈进行教诲、诫勉以敦促其成才。教育的内容围绕为人处事、涵养道德、求学治学等方面展开。

孔安国在学术上与众不同，其兄孔臧担心他因此而遭受挫折，于是写信给他，从处事和学问两方面予以教导：

> 臧报侍中相知，忿俗儒淫辞冒义，有意欲校乱反正，由来久矣。然雅达博通，不世而出，流学守株，比肩皆是，众口非非，正将焉立。每独念至此，夙夜反侧，诚惧仁弟道非信于世，而以独知为愆也。……顾惟世移，

---

① 《汉书》卷 77《盖宽饶传》，第 3246 页。

名制改变，文体义类，转益难知，以弟博洽温敏，既善推理，又习其书，而犹尚绝意，莫肯垂留三思，纵使来世，亦有笃古硕儒，其若斯何？呜呼惜哉！先王遗典，缺而不补，圣祖之业，分半而泯。后之君子，将焉取法。假令颜、闵不殁，游、夏更生，其岂然乎！不得已已，贵复申之。①

马援的两个侄子爱讥议他人，与轻侠之人往来，马援千里之外写给两个侄子书牍，教育他们要慎言、慎行：

吾欲汝曹闻人过失，如闻父母之名，耳可得闻，口不可得言也。好论议人长短，妄是非正法，此吾所大恶也，宁死不愿闻子孙有此行也。汝曹知吾恶之甚矣，所以复言者，施衿结褵，申父母之戒，欲使汝曹不忘之耳。龙伯高敦厚周慎，口无择言，谦约节俭，廉公有威，吾爱之重之，愿汝曹效之。杜季良豪侠好义，忧人之忧，乐人之乐，清浊无所失，父丧致客，数郡毕至，吾爱之重之，不愿汝曹效也。效伯高不得，犹为谨敕之士，所谓刻鹄不成尚类鹜者也。效季良不得，陷为天下轻薄子，所谓画虎不成反类狗者也。讫今季良尚未可知，郡将下车辄切齿，州郡以为言，吾常为寒心，是以不愿子孙效也。②

张奂通过书牍教诫兄子仲社与马援目的相同，也是希望侄子仲社能慎言慎行，得到乡誉：

汝曹薄祐，早失贤父，财单艺尽，今适喘息。闻仲祉轻傲耆老，侮狎同年，极口咨意。当崇长幼，以礼自持。闻敦煌有人来，同声相道，皆称叔时宽仁，闻之喜而且悲。喜叔时得美称，悲汝得恶论。经言孔子乡党，恂恂如也。恂恂者，恭谦之貌也。经难知，且自以汝资父为师，汝父宁轻乡里邪？年少多失，改之为贵。蘧伯玉年五十，见四十九年非，但能改之。不可不思吾言，不自克责，反云张甲谤我，李乙怨我。我无

---

① （清）严可均辑，任雪芳审订：《全汉文》卷13，第125页。
② 《后汉书》卷24《马援传》，第844~845页。

是过,尔亦已矣。①

孔臧给儿子琳的书牍,教育其为学渐进,勤奋苦读。同时,还为其树立榜样,激励其学习的热情:

> 告琳,顷来闻汝与诸友讲肄《书传》,滋滋昼夜,衎衎不怠。善矣,人之进道,惟问其志,取必以渐,勤则得多,山霤至柔,石为之穿,蝎虫至弱,木为之弊。夫霤非石之凿,蝎非木之钻,然而能以微脆之形,陷坚刚之体,岂非积渐之致乎。训曰:"徒学知之未可多,履而行之乃足佳。故学者所以饰百行也。侍中子国,明达渊博。雅学绝伦,言不及利,行不欺名,动遵礼法,少小长操。故虽与群臣并参侍,见待崇礼不供褒事,独得掌御唾壶,朝廷之士,莫不荣之此汝亲所见。"《诗》不云乎:"毋念尔祖,聿修厥德。"又曰:"操斧伐柯,其则不远。"远则尼父,近则子国,于以立身,其庶矣乎。②

日常交往中教诫类书牍在秦汉占很大的比例(表 2-1),它与非日常交往中进谏类书牍一样,既是秦汉人们直率外露性格的表现,也是秦汉民众社会责任感的体现。

表 2-1 秦汉教诫类书牍一览表

作者	书牍名称	文献出处
程姬	《遗孙女徵臣书》	《汉书》卷 53《景十三王传》
季布	《寄书谏窦长君》	《史记》卷 100《季布列传》
缯它	《与杨王孙书》	《汉书》卷 67《杨王孙传》
司马迁	《与挚伯陵书》	《全汉文》卷 26
丙吉	《与魏相书》	《汉书》卷 74《魏相传》
张敞	《与朱邑书》	《汉书》卷 89《循吏传》
张敞	《与朱延年书》	《汉书》卷 90《酷吏传》

---

① (清)严可均辑,许振生审订:《全后汉文》卷 64,第 652 页。
② (清)严可均辑,任雪芳审订:《全汉文》卷 13,第 125~126 页。

续表

作者	书牍名称	文献出处
王生	《与盖宽饶书》	《汉书》卷77《盖宽饶传》
孙会宗	《与杨恽书》	《汉书》卷66《杨恽传》
谷永	《与王谭书》	《汉书》卷85《谷永传》
谷永	《与王音书》	《全汉文》卷46
谷永	《诫段会宗书》	《汉书》卷70《段会宗传》
胡常	《与翟方进书》	《汉书》卷84《翟方进传》
丞相史	《与韦玄成书》	《汉书》卷73《韦玄成传》
孔臧	《与子琳书》	《全汉文》卷13
刘向	《诫子歆书》	《全汉文》卷36
马援	《诫兄子严敦书》	《后汉书》卷24《马援传》
张奂	《诫兄子书》	《全后汉文》卷64
杨终	《诫卫尉马廖书》	《后汉书》卷48《杨终传》
郑玄	《诫子益恩书》	《后汉书》卷35《郑玄传》
司马徽	《诫子书》	《全后汉文》卷86
陈惠谦	《诫兄子书》	《全后汉文》卷96
崔骃	《献书诫窦宪》	《后汉书》卷52《崔骃传》
李固	《遗黄琼书》	《后汉书》卷61《黄琼传》
李固	《临终与胡广赵戒书》	《后汉书》卷61《黄琼传》
樊长孙	《与越骑校尉刘千秋书》	《后汉书》卷114《百官志》注
陈球	《与司徒刘郃书》	《后汉书》卷56《陈球传》
高彪	《遗马融书》	《后汉书》卷80《文苑传》
荀爽	《与李膺书》	《后汉书》卷67《党锢列传》
盖勋	《与董卓书》	《后汉书》卷58《盖勋传》
黄忠	《与申屠蟠书》	《后汉书》卷53《申屠蟠传》
赵温	《与李傕书》	《后汉书》卷27《赵典传》
赵壹	《报皇甫规书》	《后汉书》卷80《文苑传》

第三章　秦汉非日常交往领域的书牍

传统观点认为，中国传统社会是以血缘为纽带的宗法社会，基于血缘的天然情感是民众社会交往的基础，衣食住行、婚丧嫁娶、生儿育女是其生活的全部。只有代表皇权意志的官僚阶层和少数学者能够进入非日常交往领域，一般民众的交往仅限于日常交往领域。然而，当我们把这一问题具体到秦汉的历史范围中，就会发现，历史并非这样简单的二元对立。秦汉时期，一般民众也可以进入非日常交往的领域，主要是民众与各级行政长官乃至皇帝的交往，交往通过书牍的方式实现。本书认为，秦汉吏民的诣阙之章、平民写给郡县守令及公卿的书牍，是致书人以个人身份，代表个人意志与他人进行信息传递、情感交流的文书，具有私人化、隐秘性的特点，不应属于行政运作中的公文。

一、非日常交往领域书牍的种类

《颜氏家训·省事》将秦汉吏民的诣阙上书陈事分为四类："上书陈事，起自战国，逮于两汉，风流弥广。原其体度，攻人主之长短，谏诤之徒也；讦群臣之得失，讼诉之类也；陈国家之利害，对策之伍也；带私情之与夺，游说之俦也。"[①]归纳起来，这四类上书主要关系到两方面的内容：国家及个人。"攻人主之长短""讦群臣之得失""陈国家之利害"，都是关于国家事务的上书；"私情之与夺"则是关系到个人在政治生活领域中相关事务的上书。秦汉吏民诣阙上书的内容非常广泛，包括言事、求官、上诉、告奸、求请等，

---

① （北齐）颜之推撰：《颜氏家训》卷2，上海：上海古籍出版社，1992年，第26页。

由表 3-1 及其他材料可知，民众奏记各级行政长官的书牍内容主要是这两方面的内容。

表 3-1　平民呈递给公府、郡县守令的记

姓名	奏记对象	内容	文献出处
郑朋	前将军光禄勋萧望之	谏塞邪枉之险蹊，宣中庸之常政	《汉书》卷 78《萧望之传》
梁祖	三府	奏记求为梁贵人申议尊号	《后汉书》卷 34《梁竦传》
郝絜、胡武等	三府	奏记推荐海内高士	《后汉书》卷 34《梁冀传》
班固	奏记骠骑将军苍	推荐贤士	《后汉书》卷 40《班固传》
吏人	司空第五伦	吏人奏记及便宜者，亦并封上	《后汉书》卷 41《第五伦传》
霍谞	大将军梁商	奏记为舅宋光申冤	《后汉书》卷 48《霍谞传》
卢植	窦武	献书规诫	《后汉书》卷 64《卢植传》
申屠蟠	进谏外黄令	对处理为父报仇缑玉案件提出建议	《后汉书》卷 53《申屠蟠传》
张景	南阳郡守	奏记以家钱义作土牛	《汉碑集释·张景碑》

（一）关系国家事务的书牍

关系国家事务的书牍主要包括两类：一为"言便宜"，又称"言治道得失"，是上书奏记者就现实的社会政治问题提出自己的主张和建议，或者对政治事务、各级行政长官乃至皇帝提出批评和改进意见。"攻人主之长短"与"陈国家之利害"属于"言便宜"类。二为"告奸"，即颜氏所言"讦群臣之得失"。

1. "言便宜"

（1）关于国家大政方针。秦及汉初，邹衍的阴阳五行理论是立国正统化、合法化的理论依据，朝代符合五行中的一德，然后与之相适应，改服色，易制度，是受命于天的象征。汉初，以水德为纪。汉文帝时期，鲁人公孙臣上书：

以终始五德上书，言"汉得土德，宜更元，改正朔，易服色。当有

瑞，瑞黄龙见"。①

汉武帝时，主父偃上书批评汉武帝北击匈奴的政策：

> 故兵法曰："兴师十万，日费千金。"秦常积众数十万人，虽有覆军杀将，系虏单于，适足以结怨深仇，不足以偿天下之费。夫匈奴行盗侵驱，所以为业，天性固然。上自虞夏殷周，固不程督，禽兽畜之，不比为人。夫不上观虞夏殷周之统，而下循近世之失，此臣之所以大恐，百姓所疾苦也。且夫兵久则变生，事苦则虑易。使边境之民靡敝愁苦，将吏相疑而外市，故尉佗、章邯得成其私，而秦政不行，权分二子，此得失之效也。故《周书》曰："安危在出令，存亡在所用。"愿陛下孰计之而加察焉。②

汉武帝表章六经，确立了今文经学在政治思想和学术上的统治地位。东汉初期，学者陈元诣阙上书，针对博士范升对《左氏春秋》非议进行反驳，建议为《左氏春秋》立博士：

> 方今干戈少弭，戎事略戢，留思圣艺，眷顾儒雅，采孔子拜下之义，卒渊圣独见之旨，分明白黑，建立《左氏》，解释先圣之积结，洮汰学者之累惑，使基业垂于万世，后进无复狐疑，则天下幸甚。③

（2）关于具体制度措施的建议。《汉书·郊祀志》载汉武帝时期，一些祭祀的对象及方式是根据民众上书建议执行的：

> 亳人谬忌奏祠太一方，曰："天神贵者太一，泰一佐曰五帝。古者天子以春秋祭泰一东南郊，日一太牢，七日，为坛开八通之鬼道。"于是，天子令太祝立其祠长安城东南郊，常奉祠如忌方。其后，人上书言："古

---

① 《史记》卷26《历书》，第1260页。
② 《汉书》卷64上《主父偃传》，第2801页。
③ 《后汉书》卷36《陈元传》，第1231～1232页。

者天子三年一用太牢祠三一：天一、地一、泰一。"天子许之，令太祝领祠之于忌泰一坛上，如其方。后人复有言："古天子常以春解祠，祠黄帝用一枭、破镜；冥羊用羊祠；马行用一青牡马；泰一、皋山山君用牛；武夷君用干鱼；阴阳使者以一牛。"令祠官领之如其方，而祠泰一于忌泰一坛旁。①

汉哀帝时，有人上书提出改用龟贝为币，"有上书言古者以龟贝为货，今以钱易之，民以故贫，宜可改币"②。皇帝令公卿讨论此建议，虽被否决，但说明对这件事的重视。东汉时期，现行历法推算出的月食多误，汉章帝时蒙公乘宗绀上书："今月十六日月当食，而历以二月。"到期限后天象果然如宗绀预测的一样，于是太史令巡"上绀有益官用，除待诏"③。其后，宗绀之孙诚、整也先后上书，提出自己对月食推算的日期。民众进给地方或中央官府记有具体施政建议的书牍，如张景奏记郡府要出钱义务作土牛等一切设施，请求免除子孙世代徭役：

[府告宛：男]子张景记言，府南门外劝[农]土牛，□□□，」调发十四乡正，相赋敛作治，并土人、犁、耒、艹、蓆、屋，功费六七」十万，重劳人功，吏正患苦，愿以家钱，义作土牛，上瓦屋、栏楯」什物，岁岁作治。乞不为县吏，列长，伍长，征发小䌛。审如景[言，]」施行复除，传后子孙。明检匠所作，务令严事。毕成，言。④

（3）对当前政治提出自己的建议，或指陈得失。汉文帝时，儒生贾山以秦为喻，上书《至言》，通过对秦政的反思，提出自己治政的建议：行仁义、广开言路、养士、减少射猎、定明堂、兴太学、修先王之道。汉武帝太子刘据被江充诬陷，起兵反抗，兵败逃亡。天子震怒，公卿百官都不敢言。壶关三老令狐茂上书，为太子讼冤：

---

① 《汉书》卷 25 上《郊祀志》，第 1218 页。
② 《汉书》卷 86《师丹传》，第 3506 页。
③ 《后汉书》卷 92《律历志中》，第 3040 页。
④ 高文：《汉碑集释》，开封：河南大学出版社，1985 年，第 235 页。

> 唯陛下宽心慰意，少察所亲，毋患太子之非，亟罢甲兵，无令太子久亡。①

汉成帝时，大将军王凤专权，忠直的京兆尹王章因讥讽王凤，全家被诛。去官归乡里的梅福上书指出，现在民众上书多以不急之法触罪，尤其是京兆尹王章因言谏被杀并牵连妻子，致使天下人以言为戒，建议皇帝：

> 除不急之法，下亡讳之诏，博览兼听，谋及疏贱，令深者不隐，远者不塞。所谓"辟四门，明四目"也。②

并指出当今外戚权盛的状况，希望朝廷警惕。之后，梅福又针对成帝没有子嗣的情况，建议朝廷"宜建三统，封孔子之世以为殷后"③。东汉时期，谶纬神学盛行，不仅朝中大臣以阴阳灾异言时政得失，也有许多非官僚身份的学者和民众上书指陈政治得失。汉顺帝时，学者郎𫖮上书，以园陵数次遭遇灾害，建议：

> 臣愚以为诸所缮修，事可省减，禀恤贫人，赈赡孤寡，此天之意也，人之庆也，仁之本也，俭之要也。④

汉桓帝时，大将军梁冀飞扬跋扈、专断朝政、陷害忠良，太学生刘陶上书指责皇帝不明不察，任用群小，致使政昏民哀，灾异数降：

> 陛下既不能增明烈考之轨，而忽高祖之勤，妄假利器，委授国柄，使群丑刑隶，芟刈小民，雕敝诸夏，虐流远近，故天降众异，以戒陛下。⑤

---

① 《汉书》卷63《武五子传》，第2745页。
② 《汉书》卷67《梅福传》，第2922页。
③ 《汉书》卷67《梅福传》，第2924页。
④ 《后汉书》卷30下《郎𫖮传》，第1055页。
⑤ 《后汉书》卷57《刘陶传》，第1843页。

（4）推荐人才。正直廉洁、贤德仁义的官吏是政治清明的保证。秦汉选官的主要途径是中央公府及地方政府举荐人才。不过一般民众也可以通过上书的方式向皇帝推荐贤良。匡衡明经博学，"学者多上书荐衡经明，当世少双，令为文学就官京师"①。丁鸿经明行修，志节高妙，九江人鲍骏上书言丁鸿经学至行，希望国家能表彰贤才：

> 臣闻武王克殷，封比干之墓，表商容之闾，二人无功，下车先封之，表善显仁，为国之砥砺也。伏见丁鸿经明行修，志节清妙。②

王充博学高才，同郡友人谢夷吾上书荐王充才学：

> 充之天才，非学所加，虽前世孟轲、孙卿，近汉杨雄、刘向、司马迁，不能过也。③

民众也可以向中央公府或郡县推荐人才。二十岁的班固奏记外戚骠骑将军王苍，要他重用桓梁、晋冯、李育、郭基、王雍、殷肃等六人：

> 此六子者，皆有殊行绝才，德隆当世，如蒙征纳，以辅高明，此山梁之秋，夫子所为叹也。昔卞和献宝，以离断趾，灵均纳忠，终于沈身，而和氏之璧，千载垂光，屈子之篇，万世归善。愿将军隆照微之明，信日昃之听，少屈威神，咨嗟下问，令尘埃之中，永无荆山、汨罗之恨。④

（5）关注朝廷中名臣的官场沉浮。如果朝中有忠臣遭受不公正待遇，也会有民众为其讼冤。东汉马援南征北战，立下汗马功劳，死后遭遇谗言，不得归葬乡里，故云阳令朱博诣阙上书，为马援讼冤。汉桓帝时期，冀州刺史朱穆因案验宦官赵忠葬父僭越，被输作左校。太学书生刘陶等数千人诣阙上

---

① 《汉书》卷81《匡衡传》，第3331页。
② 《后汉书》卷37《丁鸿传》注引《续汉书》，第1264页。
③ 《后汉书》卷49《王充传》注引《谢承书》，第1630页。
④ 《后汉书》卷40上《班固传》，第1332页。

书为朱穆讼冤。议郎皇甫规被宦官陷害，坐系廷尉，论输左校"诸公及太学生张凤等三百余人诣阙讼之"①。

2. 告奸

鼓励告奸肇始于商鞅变法，《史记·商君列传》载商鞅变法："令民为什伍，而相牧司连坐。不告奸者腰斩，告奸者与斩敌首同赏。"②汉承秦制，对基层民众的控制依然实行什伍连坐之制："自五大夫以下，比地为伍，以辨券为信，居处相察，出入相司。有为盗贼及亡者，辄谒吏、典。"③民众被纳入什伍组织之中，他们的一切言行举止，皆在邻里乡亲、田典里正的监督之下，相互监督揭发是责任也是对自身的保护。加上国家对揭发重大案件封侯赏爵的利益诱惑，告奸之风在秦汉盛行。上书皇帝的告奸主要集中在危害国家安全的谋反谋逆，触犯皇帝尊严，国家官僚成员的违法、违纪，以及严重的违背伦理道德事件。由于史料的缺乏，我们无从知道民众奏记郡县守令的告奸情况，笔者认为，这应该也是民众奏记的重要组成部分。

告发谋反叛逆等重大犯罪亦称"上变事"或"告变"，如果告发有功，一般会得到重赏。汉高祖相继剪灭异姓诸侯几乎都源自吏民上书告奸。例如，汉高祖六年（前201年），"人有上变事告楚王信谋反"④，韩信被降为淮阴侯。汉高祖十年，巨鹿守陈豨反，淮阴侯韩信欲与之勾结，"（韩信）舍人弟上变，告信欲反状于吕后"⑤，韩信被夷三族。汉高祖九年（前198年），赵相贯高怨家告贯高等曾经密谋杀害高祖，结果赵王被贬为侯。高祖十一年，淮南王黥布疑宠姬与中大夫贲赫淫乱，"欲捕赫。赫言变事，乘传诣长安。布使人追，不及。赫至，上变，言布谋反有端，可先未发诛也"⑥。黥布害怕中央派来的使节查出自己的问题，于是反叛，结果被镇压。汉宣帝时一举打掉霍氏家族的势力，就是以男子张章告发霍氏家族谋逆的阴谋为契机，张章被封侯。东

---

① 《后汉书》卷65《皇甫规传》，第2135页。
② 《史记》卷68《商君列传》，第2230页
③ 张家山二四七号汉墓竹简整理小组编著：《张家山汉墓竹简〔二四七号墓〕》，北京：文物出版社，2006年，第51页。根据残笔或文例释出的字，释文外加方框表示。
④ 《史记》卷8《高祖本纪》，第382页。
⑤ 《史记》卷92《淮阴侯列传》，第2628页。
⑥ 《史记》卷91《黥布列传》，第2603~2604页。

汉末年，巨鹿人张角利用太平道秘密组织发动民众准备起义，结果还未到约定之日，被弟子济南周唐上书告发，主要首领马元义遇害，只能提前起义。

如果官僚贵族有违法乱纪、徇情枉法等行为，任何人都可以上书揭发。酷吏王温舒善于巧弄文法谄媚权势，欺凌贫弱，后其劣迹被人告发，罪至灭族。司马相如出使西南夷时收人金钱，结果被告发免官。京兆尹赵广汉，坐杀无辜之人荣畜，被告发，事下丞相御史治之。南征北战、功勋卓著的马援从南方征战载回了一车薏苡，人们以为是南方的珠玉珍宝，有人因此事告发他，结果其身死之后，家属不敢归葬宗族坟茔。官僚们的言行举止、道德品质也是民众监督的对象，如果所言所行不符合其角色要求，也会被告发，往往也会影响到本人的政治前途。罢官归家的宜陵侯息夫躬因夜里做诅祝盗贼的方术，有上书言"躬怀怨恨，非笑朝廷所进，侯（候）星宿，视天子吉凶，与巫同祝诅"①，息夫躬被系死洛阳狱。宣帝时太仆戴长乐私下与其掾吏说："我亲面见受诏，副帝（肄），秺侯御。"②有人上书告其言论不当，事下廷尉案验。东汉桓帝时，河南尹李膺案杀教子杀人的河内张成，"成弟子牢修因上书诬告膺等养太学游士，交结诸郡生徒，更相驱驰，共为部党，诽讪朝廷，疑乱风俗"③，此次上书引发了东汉的党锢之祸。对诸侯王的告发集中在诸侯王不遵法度、图谋不轨、道德败坏等方面。寿春庄芷以淮南王家事而上书于天子：

> 毒药苦于口利于病，忠言逆于耳利于行。今淮南王孙建，材能高，淮南王王后荼、荼子太子迁常疾害建。建父不害无罪，擅数捕系，欲杀之。今建在，可征问，具知淮南阴事。④

光武帝皇子济南王康在国不循法度，交通宾客，"人上书告康招来州郡奸猾渔阳颜忠、刘子产等，又多遗其缯帛，案图书，谋议不轨"⑤。

---

① 《汉书》卷45《息夫躬传》，第2186–2187页。
② 《汉书》卷66《杨恽传》，第2891页。
③ 《后汉书》卷67《党锢列传》，第2187页。
④ 《史记》卷118《淮南衡山列传》，第3088页。
⑤ 《后汉书》卷42《光武十王列传》，第1431页。

（二）关系个人事务的书牍

"私情之与夺"类的上书，是社会成员就与自己相关事件的上书。这些事件一般不关涉个体日常生活，而是个体政治生活领域中遭遇的事件，有些与个体本身有关，有些则是与个体政治生活紧密相关的事件人物。关系到个人事务的上书不管是讼罪还是言事，都带有浓厚的情感色彩，在言事之中表达着上书人的情感体验以及期望问题解决的迫切心情。这也正是吏民诣阙上书不同于公文的一个重要特征。

1. 上诉

在传统社会中，官吏徇情枉法不遵法度的情况十分普遍，"所欲活则傅生议，所欲陷则予死比，议者咸冤伤之"①。虽然秦汉的司法程序允许犯人"乞鞫"，即允许犯人请求复审；官员对重大疑案实行"谳狱"，就是逐级移送，但是由于在具体的实施过程中，牵涉到的利害关系很多，故很难翻案。正如王符所说：

> 夫直者贞正而不挠志，无恩于吏。怨家务主者结以货财，故乡亭与之为排直家，后反覆时吏坐之，故共枉之于庭。以赢民与豪吏讼，其势不如也。是故县与部并，后有反覆，长吏坐之，故举县排之于郡。以一人与一县讼，其势不如也。故郡与县并，后有反覆，太守坐之，故举郡排之于州。以一人与一郡讼，其势不如也。故州与郡并，而不肯治，故乃远诣公府尔。②

在官僚队伍中，官吏的赏罚予夺全凭皇帝或上级的喜好，同时官僚内部的尔虞我诈、争权夺利又很容易使人陷入不利的境地，在走投无路的情况下，很多吏民百姓直接诣阙上书，向皇帝讼冤。其中有自己上书的，淮南王太子数次陷害雷被，雷被于是逃亡到长安上书鸣冤。汉桓帝时期，大臣寇荣洁身

---

① 《汉书》卷23《刑法志》，第1101页。
② （汉）王符著，（清）汪继培笺，彭铎校正：《潜夫论笺校正》卷4，北京：中华书局，1985年，第217页。

自好、不附权贵，结果被人构陷，免官归乡里。而地方官员望风承旨又加以迫害，寇荣不得已诣阙上书。可是未等到京师，又被刺史弹劾，致使他逃亡数年，寇荣在逃亡中上书皇帝陈冤。也有很多是为自己亲人、师友甚至是地方的官员上书的。马援死后被谗言所陷害，尸首不能回乡丧葬，其侄子及妻子前后六次诣阙上书陈冤。郑弘的老师焦贶因受楚王英谋反案件牵连下狱致死，妻子入狱，郑弘诣阙上书为师讼罪。李固被梁冀陷害下狱，"门生勃海王调贯械上书，证固之枉，河内赵承等数十人亦要铁锁诣阙通诉"①。地方官吏如能造福一方，那么，一旦身陷囹圄，当地吏民就会集体上书为其讼罪。魏相为河南太守，禁奸止邪，吏治清平，后有人告他"贼杀不辜"，事下有司审理，"河南老弱万余人守关欲入上书"。②第五伦为会稽太守时政绩卓著，深得民心，因坐法诣廷尉"吏民上书守阙者千余人"③。

吏民上书讼冤的情况在秦汉十分普遍，皇帝对此事非常重视。汉元帝在条责丞相、御史的诏书中道：

> 恶吏负贼，妄意良民，至亡辜死。或盗贼发，吏不亟追而反系亡家，后不敢复告，以故浸广。民多冤结，州郡不理，连上书者交于阙廷。④

汉明帝某天忽然发现没有吏民的上书，于是问：

> "今旦何得无上书者？"左右对曰："反支故。"帝曰："民既废农远来诣阙，而复使避反支，是则又夺其日而冤之也。"乃敕公车受章，无避反支。⑤

东汉质帝本初元年（146年）诏书中也提道："顷者，州郡轻慢宪防，竞逞残暴，造设科条，陷人无罪。或以喜怒驱逐长吏，恩阿所私，罚枉仇隙，至令

---

① 《后汉书》卷63《李固传》，第2087页。
② 《汉书》卷74《魏相传》，第3134页。
③ 《后汉书》卷41《第五伦传》，第1397页。
④ 《汉书》卷71《于定国传》，第3043页。
⑤ （汉）王符著，（清）汪继培笺，彭铎校正：《潜夫论笺校正》卷4，第221页。

守阙诉讼，前后不绝。"①

2. 言事陈情

与公文奏议侧重说理议论有别，吏民诣阙之章的言事往往是结合情感表达，叙事表情相得益彰。有些上书单纯表达自己对关系自身事件的感受，宁阳主簿因受到不公正待遇屡次上书，问题始终得不到解决，于是再次上书抒发自己的愤慨之情：

> 臣为陛下子，陛下为臣父。臣章百上，终不见省，臣岂可北诣单于以告怨乎？②

冯衍因交通外戚治罪，免官归乡里，上书光武帝自陈其情：

> 臣衍自惟微贱之臣，上无无知之荐，下无冯唐之说，乏董生之才，寡李广之执，而欲免谗口，济怨嫌，岂不难哉！
>
> 臣衍之先祖，以忠贞之故，成私门之祸。而臣衍复遭扰攘之时，值兵革之际，不敢回行求时之利，事君无倾邪之谋，将帅无虏掠之心。卫尉阴兴，敬慎周密，内自修敕，外远嫌疑，故敢与交通。兴知臣之贫，数欲本业之。臣自惟无三益之才，不敢处三损之地，固让而不受之。昔在更始，太原执货财之柄，居苍卒之间，据位食禄二十余年，而财产岁狭，居处日贫，家无布帛之积，出无舆马之饰。于今遭清明之时，饬躬力行之秋，而怨雠丛兴，讥议横世。盖富贵易为善，贫贱难为工也。疏远垅亩之臣，无望高阙之下，惶恐自陈，以救罪尤。③

被流放戍边的蔡邕给皇帝上书，首先表达自己蒙恩被赦免死罪的感激之情，接着叙述了流放途中辗转于官吏手中的无奈，戍守边疆烽燧命悬一线、朝不保夕的悲惨处境，还有几十年苦心积累学问而中道废止的愁苦。上书的根本

---

① 《后汉书》卷6《质帝纪》，第280页。
② 《后汉书》卷58《虞诩传》，第1872页。
③ 《后汉书》卷28下《冯衍传》，第983~984页。

目的是请求皇帝能让他重入东观,续写《汉志》:

> 郡县促遣,遍于吏手,不得顷息,含辞抱悲,无由上达。既到徙所,乘塞守烽,职在候望,忧怖焦灼,无心复能操笔成草,致章阙庭。诚知圣朝不责臣谢,但(怀)愚心,有所不竟。臣自在布衣,常以为《汉书》十志,下尽王莽,而世祖以来,唯有纪传,无续志者……二十年之思,中道废绝,不得究竟。凄凄之情,犹以结心,不能违望。臣初欲须刑竟,乃因县道,具以状闻。今年七月九日,匈奴始攻郡盐池县,其时鲜卑连犯云中、五原,一月之中,烽火不绝。不(意西)夷相与合谋,所图广远,恐遂为变,不知所济。郡县咸惧,不守朝旦。臣所在孤危,悬命锋镝,湮灭土灰,呼吸无期。①

寇荣因为被权贵迫害"逃窜数年,会赦令,不得除,积穷困,乃至亡命中上书",其辞曰:

> 臣闻天地之于万物也好生,帝王之于万人也慈爱。陛下统天理物,为万国覆,作人父母,先慈爱,后威武,先宽容,后刑辟,自生齿以上,咸蒙德泽。而臣兄弟独以无辜为专权之臣所见抵,青蝇之人所共构会。以臣婚姻王室,谓臣将抚其背,夺其位,退其身,受其执。于是遂作飞章以被于臣,欲使坠万仞之阬,践必死之地,令陛下忽慈母之仁,发投杼之怒。尚书背绳墨,案空劾,不复质确其过,寘于严棘之下,便奏正臣罪。
>
> ……
>
> 悲夫,久生亦复何聊!盖忠臣杀身以解君怒,孝子殒命以宁亲怨,故大舜不避涂廪浚井之难,申生不辞姬氏谗邪之谤。臣敢忘斯议,不自毙以解明朝之忿哉!乞以身塞重责。愿陛下匄兄弟死命,使臣一门颇有遗类,以崇陛下宽饶之惠。先死陈情,临章涕泣,泣血(涟)如。②

---

① 《后汉书》卷93《律历志下》注,第3083页。
② 《后汉书》卷16《寇荣传》,第628~632页。

即使内容是向皇帝进谏，关涉军国大事，其中的感情色彩也十分浓厚，侧重于用情感感染皇帝、打动皇帝。令狐茂《理太子书》直言太子之冤，抗辞慷慨：

> 陛下不省察，深过太子，发盛怒，举大兵而求之，三公自将，智者不敢言，辩士不敢说，臣窃痛之。臣闻子胥尽忠而忘其号，比干尽仁而遗其身，忠臣竭诚不顾铁钺之诛以陈其愚，志在匡君安社稷也。《诗》云："取彼谮人，投畀豺虎。"唯陛下宽心慰意，少察所亲，毋患太子之非，亟罢甲兵，无令太子久亡。臣不胜惓惓，出一旦之命，待罪建章阙下。①

汉桓帝时期，面对大将军梁冀专朝、桓帝无子、连岁荒饥、灾异数见的社会问题，太学生刘陶担心外戚宦官一旦得势会危及国家政权，冒死直谏，其《上疏陈事》一文最后说：

> 臣敢吐不时之义于讳言之朝，犹冰霜见日，必至消灭。臣始悲天下之可悲，今天下亦悲臣之愚惑也。②

考察秦汉的上书资料，往往情感表达浓厚的上书多出自吏民上书，这也正是吏民诣阙上书不同于行政公文的一个显著特征。书牍是人际交流的工具，情感交流是书牍传递的重要内容。

二、民众进入非日常交往领域的原因

（一）秦汉的治国理念

战国时期，法家代表人物韩非子清醒地意识到家与国在利益上的矛盾冲

---

① 《汉书》63《武五子传》，第 2745 页。
② 《后汉书》卷 57《刘陶传》，第 1844 页。

突,"君之直臣,父之暴子也"、"父之孝子,君之背臣也"①,认为国家之分就是公与私之别:"匹夫有私便,人主有公利。"②秦国实行的什伍连坐制度与耕战为本的爵禄制度"无非是国家要直接掌握其人民。其势便不容家庭家族在中间横梗、牵掣而弛散其组织关系"③。什伍连坐制度与新爵禄制度都是为了保障实现帝王及代表帝王行使权力的各级行政机构对整个社会的控制,实现法家追求的公私界线分明的理想社会图景:"塞私门之请而遂公家之劳。"④

汉朝建立后,一方面"汉承秦制",在政治制度方面继承秦朝,同时,为了避免重蹈亡秦覆辙,汉政权在社会中寻找有利于治国的积极因素,实现国家的长治久安,其中一项重要举措就是将社会伦理道德与政治伦理结合。从汉初开始,统治阶级为了提倡"忠君"的政治伦理,在理论上强调"家国同构",就是把君、父的角色合而为一。汉初政府不遗余力地采取各种措施将传统社会中维系血缘伦理的"孝"价值观念提升为全民的道德规范,加上汉武帝以后被确立为统治思想的儒学思想推波助澜,"君为民之父母"的观念不仅是治国的理论指导,而且成为普遍的社会共识。秦汉皇帝以民之父母自居,汉元帝永光二年(前 42 年)二月的诏书曰:"今朕获承高祖之洪业……为民父母,若是之薄,谓百姓何!"⑤此年六月的诏书曰:"朕为民父母,德不能覆,而有其刑,甚自伤焉。其赦天下。"⑥光武帝登基时告祭上天的祭文中道:"皇天上帝,后土神祇,眷顾降命,属秀黎元,为人父母,秀不敢当。"⑦官僚民众更是在思想上将君主视为皇天之子、民之父母。班固在《汉书·刑法志》开篇阐述"王"的内涵时说:"《洪范》曰:'天子作民父母,为天下王。'圣人取类以正名,而谓君为父母,明仁爱德让,王道之本也。"⑧谏大夫鲍宣说:"陛下上为皇天子,下为黎庶父母,为天牧养元元,视之当如一。"⑨亡命中

---

① (战国)韩非:《韩非子》卷19,上海:上海古籍出版社,1989年,第155页。
② (战国)韩非:《韩非子》卷18,第147页。
③ 梁漱溟:《中国文化要义》,上海:上海人民出版社,2011年,第33页。
④ (战国)韩非:《韩非子》卷4,第35页。
⑤ 《汉书》卷9《元帝纪》,第288页。
⑥ 《汉书》卷9《元帝纪》,第290页。
⑦ 《后汉书》卷1《光武帝纪》,第22页。
⑧ 《汉书》卷23《刑法志》,第1079页。
⑨ 《汉书》卷72《鲍宣传》,第3089页。

的寇荣上书说:"陛下统天理物,为万国覆,作人父母,先慈爱,后威武。"①太尉赵憙言:"陛下圣德洋溢,顺天行诛,拨乱中兴,作民父母,修复宗庙,救万姓命,黎庶赖福,海内清平。"②代表皇帝治民的地方行政长官是治所之内民之父母。王尊为安定太守,"到官,出教告属县曰:'令长丞尉奉法守城,为民父母,抑强扶弱,宣恩广泽,甚劳苦矣'"③。酷吏严延年为河南太守时,其母看他刑杀太重,责让曰:"幸得备郡守,专治千里,不闻仁爱教化,有以全安愚民,顾乘刑罚多刑杀人,欲以立威,岂为民父母意哉!"④东汉灵帝时,被任命为巨鹿太守的司马直接到要求出钱修宫室的诏书怅然曰:"为民父母,而反割剥百姓,以称时求,吾不忍也。"⑤家庭伦理关系泛化到政治统治中,社会伦理与政治伦理相结合,剥削与被剥削的关系被温情脉脉的拟血缘关系掩盖,公与私的对立在表面上消失。统治与被统治关系之外加上了一层父母与子女的关系,这样,广大民众与统治阶级不再是天地悬隔,而是具备了相互之间互动交往的可能性。

(二) 国家鼓励民众参与政治

秦朝崇尚法家思想,迷信暴力,用严刑酷罚、条目繁杂的法律实现对民众的控制。在思想文化政策上,秦朝实行焚书坑儒,禁止人们学习法律以外的其他知识,禁止人们自由思想的发生以及人们自由言论,结果导致了秦的短命。西汉王朝建立之后,在吸取秦亡教训的基础上,采取较为宽松的统治方式。一方面,国家在实现对社会绝对控制的基础上吸收社会力量参与政治;另一方面,国家在强制规定民众种种义务时,也赋予了民众一定的政治经济权利。统治者非常注意听取民意,鼓励民众参与政治,并采取措施保障政治参与渠道的畅通。政府鼓励民众进言进谏,甚至可以指陈皇帝的过失。两汉时期,皇帝多次发布诏令,征召"直言极谏"之士。如文帝即位第二年,就因日食下诏自省,要求"令至,其悉思朕之过失,及知见之所不及,匄以启

---

① 《后汉书》卷16《寇荣传》,第628页。
② 《后汉书》卷97《祭祀志》注引《东观书》,第3162页。
③ 《汉书》卷76《王尊传》,第3228页。
④ 《汉书》卷90《酷吏传》,第3672页。
⑤ 《后汉书》卷78《宦者传》,第2536页。

告朕。及举贤良方正能直言极谏者,以匡朕之不逮"①。汉宣帝诏书中曰:"有能箴朕过失,及贤良方正直言极谏之士以匡朕之不逮,毋讳有司。"②东汉章帝建初元年(76年),山阳、东平地震,章帝下诏:"其令太傅、三公、中二千石、二千石、郡国守相举贤良方正、能直言极谏之士各一人。"③

除了正在服刑中的罪犯(这些人也可以通过他人或改变姓名上书),民众都可以直接上书皇帝或奏记郡守县令、中央公卿,或阐述自己意愿、政治主张,或告奸宄,史料中记载的民众诣阙上书者或奏记者不胜枚举。上书奏记有可能解决亲友遭遇的困厄,如缇萦上书,父除肉刑;霍谞奏记大将军梁商为舅宋光鸣冤,结果宋光免罪。布衣平民上书言事者一旦言论被统治者接受,就有可能飞黄腾达,这极大地调动着整个社会民众关注政治的热情。有的是直接行动"自衒鬻"于阙庭:"是以天下布衣各厉志竭精以赴阙廷自衒鬻者不可胜数。"④更多的人则是时刻关注政治、为国家献计献策。弱冠的班固对当时官吏政绩非常了解,一下就向东平王苍推荐了六个吏治能人。街头巷尾、田间小路,到处都有议论政治的声音:"间者民颇言狱深,吏为峻诋,今丞相所议,又狱事也,如是以及丞相,恐不合众心。群下欢哗,庶人私议,流言四布,延年窃重将军失此名于天下也!"⑤上计掾广汉段恭在上书中说:"伏见道路行人,农夫织妇,皆曰'太尉庞参,竭忠尽节,徒以直道不能曲心,孤立群邪之间,自处中伤之地'。"⑥

三、非日常交往书牍性质辨析(以吏民诣阙之章为例)

经历了春秋战国时期的社会变革,建立在小农经济基础之上的专制主义中央集权政治打破了宗法血缘纽带,为广大民众提供了广阔的活动空间。秦汉民众走出了家族、乡里,积极参与到社会政治生活中。民众参与政治生活

---

① 《汉书》卷4《文帝纪》,第116页。
② 《汉书》卷8《宣帝纪》,第249页。
③ 《后汉书》卷3《章帝纪》,第133页。
④ 《汉书》卷67《梅福传》,第2918页。
⑤ 《汉书》卷60《杜延年传》,第2663页。
⑥ 《后汉书》卷51《庞参传》,第1691页。

主要通过上书言事的方式实现，其文书形式为上书或奏记。传世文献中民众的奏记上书经常被提及，从内容上看，其与官员臣僚所上政务的奏章等公文很难区分。但是两者在格式语言、传递途径、回复方式上有着根本的区别。民众进奏给官府的奏记在传世文献中保存较少，因此，本书以吏民诣阙上书为研究对象进行考察。《后汉书·胡广传》注引《汉杂事》载：

> 凡群臣之书，通于天子者四品：一曰章，二曰奏，三曰表，四曰驳议。章者需头，称"稽首上以闻"，谢恩陈事，诣阙通者也。奏者亦需头，其京师官但言"稽首言"，下"稽首以闻"，其中有所请，若罪法劾案，公府送御史台，卿校送谒者台也。表者不需头，上言"臣某言"，下言"诚惶诚恐，顿首顿首，死罪死罪"，左方下附曰"某官臣甲乙上"。①

在以上四种进奏给皇帝的上书中，需诣阙呈递之章不属于公文，应归属秦汉民众非日常交往领域书牍。表3-2、表3-3显示，诣阙上书的"吏"主要是地方的属吏。

表3-2　吏民呈递给皇帝的上书（不包括史料中提到的诣阙上书者）

上书者身份	内容	结果	文献出处
逃亡之人雷被	上书自明	事下廷尉、河南	《史记》卷118《淮南衡山列传》
窦婴指使昆弟	言婴曾受景帝遗诏	案尚书	《史记》卷107期《魏其武安侯列传》
许乐	言事务	帝召见	《史记》卷112《平津侯主父列传》
严安	言事务	帝召见	《史记》卷112《平津侯主父列传》
谒者王禹弟子	河间乐之意	下大夫博士等考试	《汉书》卷22《礼乐志》
公孙臣	建议改正朔	下丞相等议	《汉书》卷25《礼乐志》
谬忌	奏祠泰一方	皇帝接受建议	《汉书》卷25《礼乐志》
人	以太牢祠三一	天子许之	《汉书》卷25《礼乐志》
人	春解祠	天子许之	《汉书》卷25《礼乐志》
数万齐人	神怪奇方	令千人入海求仙	《汉书》卷25《礼乐志》

---

① 《后汉书》卷44《胡广传》，第1507页。

续表

上书者身份	内容	结果	文献出处
人	通褒斜道及漕	下御史大夫	《汉书》卷29《沟洫志》
延年	修河	皇帝报	《汉书》卷29《沟洫志》
息夫躬与孙宠	上书	待诏	《汉书》卷45《息夫躬传》
贾山	言治乱之道		《汉书》卷51《贾山传》
贾山	非文帝除铸钱令等	有司诘问	《汉书》卷51《贾山传》
贾山	讼淮南王无罪	有司诘问	《汉书》卷51《贾山传》
贾山	言柴唐子不善	有司诘问	《汉书》卷51《贾山传》
卜式	输财助边	上使使问式	《汉书》卷58《卜式传》
杜业家人	求将业与公主合葬	不许	《汉书》卷60《杜周传》
吾丘寿王被免官后	养马黄门	不许	《汉书》卷64《吾丘寿王传》
吾丘寿王被免官后	守塞	不许	《汉书》卷64《吾丘寿王传》
吾丘寿王被免官后	击匈奴	复召为郎	《汉书》卷64《吾丘寿王传》
徐乐	言时务	被皇帝召见	《汉书》卷64《主父偃传》
终军	言事	拜谒者给事中	《汉书》卷64《终军传》
贾捐之	言得失	待诏金马门	《汉书》卷64《贾捐之传》
东方朔	自衒鬻	待召公车	《汉书》卷65《东方朔传》
蔡义	说《诗》	上召见义	《汉书》卷66《蔡义传》
徐生	三次上疏言霍氏	书报闻	《汉书》卷68《霍光传》
郑朋	言车骑将军史高	章视周堪	《汉书》卷78《萧望之传》
梅福	数因县道言事	报罢	《汉书》卷67《梅福传》
梅福	言外戚王氏盛	上不纳	《汉书》卷67《梅福传》
梅福	建三统封孔子后	上不纳	《汉书》卷67《梅福传》
霍光妻显	以财赎霍山罪	书报闻	《汉书》卷68《霍光传》
河南老弱万余人	守关欲上书讼魏相罪	关吏从闻	《汉书》卷74《魏相传》
掖庭宫婢民夫	陈宫婢有阿保之功	下掖庭令问	《汉书》卷74《丙吉传》
三老官属	欲留小黄令焦延寿	诏许赠秩留	《汉书》卷75《京房传》
士伍尊	言丙吉抚养宣帝之功		《汉书》卷74《丙吉传》
池阳令并家人	陈冤	下廷尉	《汉书》卷79《冯野王传》

续表

上书者身份	内容	结果	文献出处
淮阳宪王舅张博	不愿随淮阳国之国	得到允许	《汉书》卷80《宣元六王传》
学者	荐匡衡明经	下太子太傅等问	《汉书》卷81《匡衡传》
成帝时吏民	言灾异、外戚专权		《汉书》卷81《张禹传》
人	改钱币	下有司	《汉书》卷86《师丹传》
八千民	为王莽上尊号	下有司	《汉书》卷99《王莽传》
四十八万多吏民	因王莽不受新野田事		《汉书》卷99《王莽传》
亭长家人	告以亭长亡事，求自治	回复勿治	《汉书》卷99《王莽传》
马援侄子严	求进马援女掖庭	援女选入太子宫	《后汉书》卷10《皇后纪》
梁贵人姊嫕	陈梁贵人枉殁之状	其勿复议	《后汉书》卷10《皇后纪》
吏人	请留六安太守顺		《后汉书》卷14《成武孝侯顺传》
亡命中的寇荣	自讼	帝省章愈怒	《后汉书》卷16《寇荣传》
边境之人	请留马成	复遣成还屯	《后汉书》卷22《马成传》
马严及马援妻	前后六次讼冤	马援得葬	《后汉书》卷24《马援传》
去官归乡的冯衍	上书自陈	书奏，犹以前过不用	《后汉书》卷28《冯衍传》
承宫妻子	归葬乡里	赐钱	《后汉书》卷27《承宫传》
郅恽	王莽退位	收系恽诏狱	《后汉书》卷29《郅恽传》
郎𫖯	荐人并陈消灾之术	诏拜郎中	《后汉书》卷30《郎𫖯传》
被罢官的郑弘	上书陈谢	遣医视弘	《后汉书》卷33《郑弘传》
樊调妻	讼家冤事	下中常侍等案问	《后汉书》卷34《梁竦传》
桓郁	上书让爵	不许	《后汉书》卷37《桓郁传》
丁鸿	上书让爵	不报	《后汉书》卷37《丁鸿传》
鲍俊	言丁鸿经学至行	帝以丁鸿为贤	《后汉书》卷37《丁鸿传》
三老吏人	言寒朗以前政绩	帝召见朗	《后汉书》卷41《寒朗传》
乐恢门生	言乐恢忠节	除子为郎	《后汉书》卷43《乐恢传》
系于狱中的张俊	自讼	减死	《后汉书》卷45《袁敞传》
张俊	谢恩		《后汉书》卷45《袁敞传》
班昭	为班超请还	征超还京师	《后汉书》卷47《班超传》
系于狱中的杨终	自讼	即日出狱	《后汉书》卷48《杨终传》

续表

上书者身份	内容	结果	文献出处
杜真	讼翟酺冤	事得明	《后汉书》卷48《翟酺传》
王充友人谢夷吾	荐王充才学	诏公车征	《后汉书》卷49《王充传》
庞参使其子俊	献讨伐羌之计	书奏	《后汉书》卷51《庞参传》
狱中崔瑗	自讼	得理出	《后汉书》卷52《崔瑗传》
张婴等	乞留广陵太守张纲	天子许之	《后汉书》卷56《张纲传》
太学生刘陶	上疏言政事	书奏不省	《后汉书》卷57《刘陶传》
人	改铸货币	下四府群僚	《后汉书》卷57《刘陶传》
刘瑜	陈时事	诏召瑜问	《后汉书》卷57《刘瑜传》
宁阳主簿	怨皇帝不省章	持章示尚书	《后汉书》卷58《虞诩传》
免官的黄琼	上疏言时政		《后汉书》卷61《黄琼传》
王调	证固冤枉	乃赦焉	《后汉书》卷63《李固传》
去官的卢植	请诣东观考《礼记》得失		《后汉书》卷64《卢植传》
为布衣的皇甫规	言征西将军击羌寇事宜		《后汉书》卷65《皇甫规传》
张汎妻	讼张汎冤	帝大震怒	《后汉书》卷67《党锢列传》
礼震	代欧阳歙死	书奏	《后汉书》卷79《儒林列传》
太学生孔僖	自讼	诏勿问	《后汉书》卷79《儒林列传》
景鸾	数陈救灾变之术		《后汉书》卷79《儒林列传》
宗绀	言月食之时	除绀待诏	《后汉书》卷92《律历志》
宗绀之孙诚	言月食之时	拜诚为舍人	《后汉书》卷92《律历志》
宗绀之孙整	言月食之时	诏书下太常	《后汉书》卷92《律历志》
蔡邕被收时	上书自陈	下邕洛阳狱	《后汉书》卷60《蔡邕传》
铫肜之子	上疏言其父之遗言	诏问疾状	《后汉书》卷20《铫肜传》
罢官在家的张奋	制定礼乐		《后汉书》卷35《张奋传》
许干	愿佐班超建功西域	以许干为假司马	《后汉书》卷47《班超传》
尹敏	陈《洪范》消灾之术	待诏公车	《后汉书》卷79《儒林列传》
贯高怨家	告贯高谋反	逮捕赵王贯高等	《史记》卷89《张耳陈馀列传》
韩信舍人弟	告韩信谋反	吕后召信	《史记》卷92《淮阴侯列传》
贲赫	黥布谋反	上读其书	《史记》卷91《黥布列传》

续表

上书者身份	内容	结果	文献出处
人	告都尉王温舒奸事	罪至族自杀	《史记》卷122《酷吏列传》
国人	告绛侯周勃反	征系清室	《史记》卷101《袁盎晁错列传》
庄芷	告淮南王阴事	下廷尉	《史记》卷118《淮南衡山王列传》
淮南王指使人	告内史	内史被治	《史记》卷118《淮南衡山王列传》
人	告上大夫邓通盗出徼外铸钱	下吏验问	《史记》卷125《佞幸列传》
人	告中山孝王太后祝诅上	太后及弟自杀	《汉书》卷45《息夫躬传》
人	告宜陵侯息夫躬怀恨朝廷等	系洛阳诏狱	《汉书》卷45《息夫躬传》
梁蚡家人	告江都王太子建杀蚡	下廷尉	《汉书》卷53《景十三王传》
荼恬	江都王太子建淫乱	廷尉治恬受人钱财为上书论弃市	《汉书》卷53《景十三王传》
逃亡之人乘距	广川缪王奸		《汉书》卷53《景十三王传》
人	告司马相如受人金	相如失官	《史记》卷117《司马相如列传》
谒居弟	告御史大夫张汤与吏谒居谋	下廷尉	《史记》卷122《酷吏列传》
鲁谒居指使人	告御史中丞奸	下御史	《史记》卷122《酷吏列传》
人	告齐相主父偃受诸侯金	下吏治	《史记》卷112《平津侯主父列传》
狱中的朱安世	告公孙敬生奸	下有司	《汉书》卷66《公孙敬生传》
人	告太仆戴长乐非所宜言	下廷尉	《汉书》卷66《杨恽传》
张章	告霍氏家族谋反	章被封侯	《汉书》卷68《霍光传》
人	告河南太守魏相杀不辜	事下有司	《汉书》卷74《魏相传》
盖主指使人	告渭城令侵辱公主	霍光侵其奏	《汉书》卷67《胡建传》
苏贤父	告京兆尹赵广汉枉法	下有司	《汉书》卷76《赵广汉传》
人	告京兆尹广汉枉法杀人	下丞相御史	《汉书》卷76《张敞传》
耿定	言丞相王商淫乱	下司隶校尉	《汉书》卷82《王商传》
高康门人	告师丹奏事泄露	下廷尉	《汉书》卷86《师丹传》
高康门人	告东郡太守谋起兵		《汉书》卷88《儒林传》
人	告石显矫诏	天子闻之	《汉书》卷93《佞幸传》
人	医侍许皇后疾无状	收（医）诏狱	《汉书》卷97《外戚传》

续表

上书者身份	内容	结果	文献出处
六安侯奴家	城门校尉窦穆矫诏	免窦穆等官	《后汉书》卷23《窦融传》
杜保仇人	讼越骑司马保行为轻薄	书奏	《后汉书》卷24《马援传》
人	王磾奸	帝怒	《后汉书》卷24《马援传》
人	告班固私修国史	收固系京兆狱	《后汉书》卷40《班固传》
人	告济南王康奸	下有司考	《后汉书》卷42《光武十王传》
人	告阜陵质王延奸	下有司案验	《后汉书》卷42《光武十王传》
张成弟子牢修	诬告李膺等结党	逮捕党人	《后汉书》卷67《党锢列传》
朱并	告张俭等结党	逮捕党人	《后汉书》卷67《党锢列传》
张角弟子唐周	告张角作乱	下三公、司隶案验	《后汉书》卷71《皇甫嵩传》
太学生梁郁	告太学生僖、骃诽谤先帝	下有司	《后汉书》卷79《儒林列传》

表3-3 文献中明确提到的诣阙上书

上书者身份	内容	结果	文献出处
缇萦	上书诣阙下，为父赎罪	废除肉刑	《史记》卷105《扁鹊仓公列传》
主父偃	上书阙下	帝召见	《史记》卷112《平津侯主父列传》
受赵人新垣平指使者	上书阙下献玉杯		《史记》卷28《封禅书》
枚皋	北阙上书言为枚乘之子	召入见待诏	《汉书》卷51《枚皋传》
壶关三老茂	建章阙下为戾太子讼冤	天子感悟	《汉书》卷63《武五子传》
上计吏卒朱买臣	诣阙上书	书久不报，待诏公车	《汉书》卷64《朱买臣传》
江充	诣阙告赵太子丹奸	收捕太子丹	《汉书》卷45《江充传》
诸生数千人	守阙上书讼鲍宣罪	罪减死一等	《汉书》卷72《鲍宣传》
免官的张敞	诣阙上印绶		《汉书》卷76《张敞传》
吏民数万人	守阙为下狱的赵广汉请罪	广汉腰斩	《汉书》卷76《赵广汉传》
免官的寇荣	欲诣阙自讼		《后汉书》卷16《寇荣传》
前云阳令朱勃	诣阙讼马援之冤	马援葬归田里	《后汉书》卷24《马援传》
郎顗	诣阙上章	使对尚书	《后汉书》卷30《郎顗传》

续表

上书者身份	内容	结果	文献出处
襄楷	诣阙上书指陈皇帝过失	书奏不省	《后汉书》卷30《襄楷传》
襄楷	诣阙上书言时事	诏诣尚书问状	《后汉书》卷30《襄楷传》
宫崇	诣阙上《太平经》	有司奏妖妄不经	《后汉书》卷30《襄楷传》
郑弘	诣阙上书为师讼罪	赦师家人	《后汉书》卷33《郑弘传》
陈元	诣阙上疏请立《左氏春秋》	下其议	《后汉书》卷36《陈元传》
杨琁	遣亲属诣阙上章讼怨	诏书原琁，拜议郎	《后汉书》卷38《杨琁传》
马援妻与子马严	诣阙请罪	帝出松书以示之	《后汉书》卷24《马援传》
郎中袁著	诣阙上书言梁冀专权	书得奏御	《后汉书》卷34《梁冀传》
班超	诣阙上书言班固著述之意	得召见	《后汉书》卷40《班固传》
吏民千人	守阙上书为第五伦		《后汉书》卷41《第五伦传》
东海吏民	千人诣阙求宋均还		《后汉书》卷41《宋均传》
太学生刘陶等数千人	诣阙讼朱穆冤	帝赦朱穆	《后汉书》卷43《朱穆传》
杨震门生虞放	诣阙讼杨震冤	除二子为郎赠钱	《后汉书》卷54《杨震传》
赵腾	诣阙上书指陈得失	收考诏狱	《后汉书》卷54《杨震传》
宁阳主簿	诣阙诉县令之枉	积六七岁不省	《后汉书》卷58《虞诩传》
凉州吏人	诣阙请留刺史	许之	《后汉书》卷56《种暠传》
流放的蔡邕	陈著十意（致章阙庭）	帝嘉其才高	《后汉书》卷60《蔡邕传》
李固弟等	诣阙上书乞固尸体	不许	《后汉书》卷63《李固传》
河内赵承等数十人	诣阙诉李固之冤	太后赦固	《后汉书》卷63《李固传》
杨匡	诣阙乞收李固、杜乔尸首	太后许之	《后汉书》卷63《杜乔传》
平原吏人	诣阙为史弼讼		《后汉书》卷64《史弼传》
杨陟	诣阙为苑康讼	改徙日南为还家	《后汉书》卷67《党锢列传》
诸公与太学生三百余人	诣阙讼皇甫规		《后汉书》卷65《皇甫规传》
诸生数千人	守阙为欧阳歙求情		《后汉书》卷79《儒林列传》
童恢	诣阙讼杨赐	杨赐复官	《后汉书》卷76《循吏列传》
谯玄弟庆	诣阙陈谯玄事	诏本郡祠中牢	《后汉书》卷81《独行列传》
高获	诣阙请免欧阳歙罪	帝引见获	《后汉书》卷82《方术列传》

续表

上书者身份	内容	结果	文献出处
牢川	诣阙上书告党人		《后汉书》卷103《五行志》
杨季主家人	上书告郭解被杀于阙下	下吏捕解	《史记》卷124《游侠列传》
梁孝王武	伏阙下谢罪	太后、景帝大喜	《史记》卷58《梁孝王世家》
淮南厉王长	诣阙谢罪	弗治	《史记》卷118《淮南衡山王列传》
京兆尹张竦、刘嘉	诣阙上书自归	莽赦弗罪	《汉书》卷99《王莽传》
公卿	诣阙谢罪	诏曰非群司之责	《后汉书》卷5《安帝纪》
宗卿师李守	诣阙上书归乡	章未及报	《后汉书》卷15《李通传》
大将军邓骘	诣阙上疏辞让封邑数次	乃许之	《后汉书》卷16《邓骘传》
董贤	诣阙谢恩	莽使谒者以太后诏即阙下册贤	《汉书》卷93《佞幸传》
三老五更	诣阙谢恩		《后汉书》卷94《礼仪志传》
尚书钟离意	诣阙因夏旱谢罪	帝策诏报	《后汉书》卷41《钟离意》
太尉张酺	诣阙谢	复视事	《后汉书》卷45《张酺传》
太子舍人宋均	诣阙谢恩	帝使中黄门慰问	《后汉书》卷41《宋均传》
太中大夫桥玄	诣阙谢罪	诏书下其章	《后汉书》卷51《桥玄传》
司徒杨彪	诣阙谢	拜光禄大夫	《后汉书》卷54《杨彪传》
病归的卫飒	诣阙自称病状	乃收印绶	《后汉书》卷76《循吏列传》
司隶校尉阳球	诣阙谢恩奏收中常侍王甫等	王甫等下洛阳狱	《后汉书》卷77《酷吏列传》
左中郎将蔡邕	诣阙拜章上高阳乡侯印绶		《全后汉文》卷71
太常杨震	复诣阙上书言政事	书奏不省	《后汉书》卷54《杨震传》
太尉董卓等	诣阙上书追理陈蕃、窦武	悉复蕃等爵位	《后汉书》卷72《董卓传》
太尉李咸	诣阙上疏窦太后丧葬事宜	书奏不省	《后汉书》卷56《陈球传》

（一）从概念内涵考察

学界认为吏民上书应属公文："广义之官文书是官府为处理政治、军事、经济、财政、人事等各类事务而产生、形成的所有文书形式，可以包括通用公文、簿籍、账册、司法文书、律令文书等。狭义的官文书则仅指通用公文，它是官府在传达命令、请示、答复以及处理其他日常事务中形成和使用的书面文字资料；它具有成文性，有一定的程式要求，且经过了一定的处理程序；它包括上级下达给下级、下级呈送上级、同级之间、官府与民众之间相互往来的文书。"①公文的概念来自现代行政学，传统社会中没有与之相对应的概念。现代行政学中公文的定义如下："公文是社会组织在处理公务过程中形成的书面文件，也就是通常所说的公务文书。公文的制作和处理具有严格的程序要求，在格式构成方面要遵循国家公文处理法规和统一的国家标准，或要遵循约定俗成的原则。"②公务活动则是："人类出于处理公共事务和协调社会组织相互关系的需要而产生的一种社会活动，它发生在社会组织内部及其相互之间，是一种基本的组织行为。公务活动涉及范围相当广泛，包括国家与社会管理事务以及各类社会组织相互间的联系与交往活动。"③由此可知，成为公文必须符合两个条件：一是公文的写作者是社会组织而不是个人，代表社会组织立言，而不代表某个人。其主体是党政机关、企事业单位或者群众团体，在传统社会主要是政府部门。二是书写的内容是协调社会组织关系和公共事务。两个条件缺一不可。官文书的制作主体是"官府"，官府处理的事务主要是国家的管理事务，对秦汉官文书即公文的界定依据了现代公文概念。但是，当我们将此概念具体运用到秦汉的文书研究时，则需要认真甄别。如上所述，秦汉社会家国同构，民众与皇帝与各级行政长官既是被统治与统治的关系，又是拟血缘的子女父母关系；官僚与皇帝之间既是下级与上级的关系，又是拟血缘的子女父母的关系。吏民的诣阙之章中大多的作书人是一般民众，虽然有些上书的内容涉及的是国家政治事务，但是并不符合公文概念中另外一个必要条件，更何况许多内容仅是关涉民众自身的诉求。

（二）从文体学著作考察

书牍是一种文体形式。《中国古代文体概论》对书牍文定义如下："古代

---

① 汪桂海：《汉代官文书制度》，第1页。
② 姬瑞环、张虹编著：《公文写作与处理》，第6~7页。
③ 姬瑞环、张虹编著：《公文写作与处理》，第3页。

臣下向皇帝陈言进词所写的公文与亲朋间往来的私人信件，均称为'书'……一般把前者称为'上书'或'奏书'，属公牍文的'奏疏'（亦称'奏议'）类；后者则单称'书'，或称为'书牍'、'书札'、'书简'，属应用文的'书牍'类。"①隋唐以后，文体学著作主要是在《文心雕龙》的基础上损益而来。在这部规模宏大、论旨精深、体例周详的文学理论专著中，对臣僚敷奏的章、表、奏、议论述如下：

> 秦初定制，改书曰奏。汉定礼仪，则有四品：一曰章，二曰奏，三曰表，四曰议。章以谢恩，奏以按劾，表以陈请，议以执异。②

章、表、奏、议文体分类在秦汉已经基本形成，如上面引用到的《汉杂事》中的史料，蔡邕也有大致相同的记载：

> 凡群臣上书于天子者有四名，一曰章，二曰奏，三曰表，四曰驳议。章者需头，称稽首，上书谢恩陈事诣阙通者也。奏者亦需头，其京师官但言稽首，下言稽首以闻。其中者所请，若罪法劾案公府送御史台，公卿校尉送谒者台也。表者不需头，上言臣某言，下言臣某，诚惶诚恐，稽首顿首，死罪死罪，左方下附曰某官臣某甲上。文多用编两行，文少以五行，诣尚书通者也。公卿校尉诸将不言姓，大夫以下有同姓官别者言姓。章口报闻，公卿使谒者将大夫以下至吏民，尚书左丞奏闻报可。③

秦汉人所说的"章"，主要是指吏民诣阙上书，如上文所引"上书谢恩陈事诣阙通者也"。大臣的上书一般称为奏，有时也称章："大鸿胪（奏）状，章下丞相御史案验"④，"融征还京师，光武问曰：'所上章奏，谁与参之？'"⑤。

---

① 褚斌杰：《中国古代文体概论》（增订本），北京：北京大学出版社，1990年，第387页。
② （南朝梁）刘勰著，黄叔琳注，李详补注，杨明照校注拾遗：《增订文心雕龙校注》卷5，第308页。
③ （汉）蔡邕：《独断》卷上，上海：上海古籍出版社，1990年，第4页。
④ 《汉书》卷73《韦玄成传》，第3108～3109页。
⑤ 《后汉书》卷40上《班彪传》，第1324页。

本书中的"章"指诣阙之章，这与《文心雕龙》的"章"在内涵上存在一定的差异。

1. "章"作书人在身份上的差异

《独断》与《汉杂事》中所说的"群臣之书"和《文心雕龙》及《文章辨体序说》中的"臣僚敷奏"中提到，章的作书人都是"臣"，但此"臣"非彼"臣"。前者是指秦汉所有的官吏与民众，后者仅指行政系统中的官僚。

秦汉时期，一般民众可以直接上书皇帝，和官吏上书皇帝时谦称为"臣"一样，民众的上书谦称也是"臣"，如东汉时期，许慎派遣为平民的儿子许冲上书安帝献书《说文解字》，上书上款为："召陵万岁里公乘草莽臣冲，稽首再拜，上书皇帝陛下。"①《汉杂事》中"凡群臣之书，通于天子者四品"中的"群臣"，应指官僚与一般民众。

在《文心雕龙》的语境下，奏章的作书人是官僚大臣，唐虞三代敷奏者是所设之官员：

夫设官分职，高卑联事。天子垂珠以听，诸侯鸣玉以朝。敷奏以言，明试以功。故尧咨四岳，舜命八元，固辞再让之请，俞往钦哉之授，并陈辞帝庭，匪假书翰。然则敷奏以言，则章表之义也。②

秦汉时奏书的作者是辅佐皇帝统治的各级官员：

昔唐虞之臣，敷奏以言；秦汉之辅，上书称奏。陈政事，献典仪，上急变，劾愆谬，总谓之奏。奏者，进也；言敷于下，情进于上也。③

"臣"的内涵在《文心雕龙》与《汉杂事》中不同，是汉到南北朝时期社会政治结构的变化在语言称谓上的反映。魏晋南北朝时期，世家大族垄断政治，门第身份之别的意识强化，"臣"称谓的内涵缩小。白芳指出：

---

① （清）段玉裁撰：《说文解字注》卷30，第792页。
② （南朝梁）刘勰著，黄叔琳注，李详补注，杨明照校注拾遗：《增订文心雕龙校注》卷5，第308页。
③ （南朝梁）刘勰著，黄叔琳注，李详补注，杨明照校注拾遗：《增订文心雕龙校注》卷5，第320页。

"魏晋时，官员在帝王面前可自称'臣'，也可谦称为'仆'，有时为了表示更谦恭，还可自称'小臣'、'微臣'、'山臣'等。但是为了防止僭越，南北朝时惟有官员与君主之间可用'臣'的称谓，一般人不准以此相称。所以'臣'与官员划上了等号，低级官吏一律改称'下官'，有些吏民更以'在下'表示自卑的谦称。至唐代，'臣'的用法更是以法律的形式编入到《唐六典》中，明确规定：'百官于皇帝皆称臣'，此种用法一直沿用到清朝灭亡。"①

2. "章"在内容上的损益

不同时代"章"中所包含的内容也有变化。秦汉的"章"包括"谢恩陈事"。由表3-2、表3-3可知，秦汉吏民上章数量众多、内容涉及面很广。《文心雕龙》提到"章"的内容仅有"谢恩"。是陈事的部分划分到奏、表、议中了吗？答案是否定的。秦汉"章"与"奏""表"同样都具有陈事的功能，前者主要是非官僚群体的陈事，后者则运用于官僚群体的陈事，两者并不矛盾。南北朝后，并非民众陈事的文书被列入"奏""议"，而是随着历史条件的变化，"章"陈事的功能逐渐萎缩乃至消失所致。

北齐颜之推指出上书陈事在两汉时期蔚成风气，紧接着，他指出其弊端："守门诣阙，献书言计，率多空薄，高自矜夸。"②"上书陈事"与"守门诣阙"相呼应，可知颜氏所指的上书陈事，正是秦汉吏民的诣阙上书，不包括官员们的奏议。这与魏晋南北朝时期门阀世族政治有密切的关系。汉代独尊儒术以来，经学取士与大地主的田庄经济相结合，东汉出现了世世代代以经学为业的世代公卿家族，"世"表明世代延续性的特点，也可称为世家大族，即表明他们在经济、政治上占据优势，不仅拥有众多依附人口和大量土地，同时通过征辟制、察举制等途径入仕，世世代代为官形成累世经学、累世公卿的局面。魏、蜀、吴政权主要是依靠世家大族的支持建立起来的，因此其势力在三国时期得以进一步发展。魏晋时期，各个政权的一系列政治、经济措施进一步巩固了世家大族的政治经济利益。如孙吴的世袭领兵制、复客制，曹魏的租牛客户制，西晋的占田课田制度，保证了世家大族在经济上获取利

---

① 白芳：《论秦汉时期"臣"称谓的社会内涵》，《中山大学学报（社会科学版）》2003年第1期，第52页。
② （北齐）颜之推撰：《颜氏家训》卷2，第26页。

益的途径。曹魏实行"九品中正制"的选举制度，以门第高低作为入仕的主要依据，其成为世家大族垄断政治的工具。社会阶层固化，使得社会成员丧失了垂直流动的可能性。对于世家弟子来说，凭借血缘身份、根据家世的品资即可任官，他们不屑于通过上书拜官的途径，"今世所观，怀瑾瑜而握兰桂者，悉耻为之"①。对一般民众来说，政权被世家大族把持，上书言事再难获得政治利益，民众参与政治的热情逐渐衰退，上书数量减少。东晋、南朝的史书中，虽然民众上书现象依然存在，但是一方面内容以诉讼和告奸为主，另一方面是数量大减，很少有上书言时政的内容。

根据以上论述，《文心雕龙》及其后的文体论著作中所说的公文性质的臣僚敷奏不应包括秦汉吏民诣阙之章，因此不能依据这些著作判断吏民的诣阙之章为公文。

（三）从文体类别考察

"文体，指文学的体裁、体制或样式。"②两汉时期是各种文体形式发展时期，最发达的文体为"汉赋"，诗体、各类杂体散文得到发展。《后汉书》中著录的东汉人写作的文体有诗、赋、箴、铭、诔、颂、赞、奏、议、章、表、书、论、辩、碑、记、七、九、嘲、连珠、策、教、哀辞、檄、难、笺等。也就是说，秦汉时期人们制作某种文体会有与之相应的语言、格式、组织结构。反之，不同语言、格式、组织结构是区别文体的主要依据。我们首先看文献资料中保存的几则格式完整的诣阙之章。

蔡邕被流放戍边，通过临戎长霍圉上书陈情：

> 朔方髡钳徒臣邕稽首再拜上书皇帝陛下：臣邕……谨因临戎长霍圉封上。臣顿首死罪稽首再拜以闻。③

安帝建光元年（121年）许慎让儿子许冲把《说文解字》和《孝经孔氏古文说》

---

① （北齐）颜之推撰：《颜氏家训》卷2，第26页。
② 褚斌杰：《中国古代文体概论》（增订本），第1页。
③ 《后汉书》卷93《律历志下》，第3082~3084页。

奏献给朝廷，上书首尾格式为：

> 召陵万岁里公乘草莽臣冲，稽首再拜，上书皇帝陛下：……臣冲诚惶诚恐，顿首顿首，死罪死罪，稽首再拜以闻皇帝陛下。建光元年九月己亥朔二十戊午上。①

以上两条资料与《独断》中的记载相吻合，应该是秦汉诣阙之章的写作格式。另外，蔡邕被收洛阳诏狱，他上书鸣冤。我们无从知道狱中上书是怎样交付皇帝，但是此时蔡邕亦非官僚身份了，上款下款如下：

> 议郎粪土臣邕顿首再拜上书皇帝陛下。……唯陛下加餐，为万姓自爱。臣邕死罪。②

奏的书写格式、用语与吏民的诣阙之章不同：

> 大司马臣去病昧死再拜上疏皇帝陛下：……臣去病昧死再拜以闻皇帝陛下。
> 丞相臣青翟、御史大夫臣汤、太常臣充、大行令臣息、太子少傅臣安行宗正事昧死上言：……臣青翟、臣汤等昧死请立皇子臣闳、臣旦、臣胥为诸侯王。昧死请所立国名。
> 丞相臣青翟、御史大夫臣汤昧死言。
> 太仆臣贺行御史大夫事昧死言：……臣昧死请。③

王莽时期将昧死改为稽首，东汉《孔庙置守庙百石孔和碑》中载大臣的奏言："司徒臣雄，司空臣戒，稽首言……"④

---

① （清）段玉裁撰：《说文解字注》卷30，第792～795页。
② （清）严可均辑，许振生审订：《全后汉文》卷72，第734页。
③ 《史记》卷60《三王世家》，第2105～2110页。
④ （宋）洪适撰：《隶释·隶续》卷1，北京：中华书局，1985年，第18页。

章中的尊称、具礼以及文后的问候之辞为奏中所无,而与日常交往领域中亲友之间交流的书牍格式、用语相比较,两者的相似之处非常明显。20 世纪以来,出土的秦汉简牍中保存有大量格式完整的亲友间书牍,其格式基本固定。书牍首先要模拟双方交往的场景,向对方行礼、称呼对方(要使用尊称),内容结束时还要上具礼表示尊敬。

(四)从交付渠道考察

秦汉时期,章奏表议虽然都是呈递给皇帝的上书,但交付的渠道却不一样。蔡邕在《独断》中指出,章是"诣阙通者",奏表是"诣尚书通者"。诣阙通者,即是通过阙门的公车令传递给皇帝。"阙"是京城皇宫门,在秦汉的语境中,"北阙""阙庭"有指代皇帝之意。夏侯婴在刘邦起兵时救过在乱兵之中被刘邦丢弃的儿女,孝惠皇帝继位后,"惠帝及高后德婴之脱孝惠、鲁元于下邑间也,乃赐婴北第第一,曰'近我',以尊异之"。颜师古注曰:"北第者,近北阙之第,婴最第一也。故张衡《西京赋》云'北阙甲第,当道直启'。"①"近北阙"与"近我(皇帝)"并举,意味着"北阙"可以指代"皇帝"。东汉初年,被封为代王的卢芳上书谢恩曰:"谨奉天子玉玺,思望阙庭。"②归附光武帝的王常曰:"闻陛下即位河北,心开目明,今得见阙庭,死无遗恨。"③"北阙""阙庭"都是指代皇帝之意。那么,吏民直接到阙门上书应是隐含着上书是直接交付皇帝之意。另外,汉制在阙门设公车官署,长官称公车司马令,秩六百石,隶属于九卿之一的卫尉。其主要职责为:"掌殿司马门,夜徼宫中,天下上事及阙下,凡所征召,皆总领之。"④卫尉职官系统属于宫门护卫,公车令只是起到传递文书的作用。

"奏表"是"诣尚书通者",这是东汉行政公文的传递程序。尚书是协助皇帝处理各种章奏文书的秘书人员,其官名始见于秦:"秦变周法,天下之事皆决丞相府,置尚书于禁中,有令、丞,掌通章奏而已。"⑤秦代尚书隶属于

---

① 《汉书》卷 41《夏侯婴传》,第 2079 页。
② 《后汉书》卷 12《卢芳传》,第 507 页。
③ 《后汉书》卷 15《王常传》,第 580 页。
④ (清)孙星衍等辑,周天游点校:《汉官六种·汉官仪》,北京:中华书局,1990 年,第 133 页。
⑤ (唐)李林甫等撰,陈仲夫点校:《唐六典》卷 1,北京:中华书局,1992 年,第 6 页。

专门为皇帝服务的少府机构,职责只是上传下达、传达文书。汉承秦制,汉初尚书职掌基本与秦朝相同。汉武帝强化皇权,扩大内朝权力与丞相抗衡,更多的是利用尚书这个办事机构,主要是破格选用出身低微的人担任给事中、侍中等参与决策。尚书依然是协助处理文书,不能参与机密,地位低微,职权有限,"武、宣之后,稍以委任"①,地位开始变得重要起来。汉成帝时尚书的机构庞大,"初置尚书员五人"。颜师古注引《汉旧仪》曰:"尚书四人为四曹:常侍尚书主丞相御史事,二千石尚书主刺史二千石事,户曹尚书主庶人上书事,主客尚书主外国事。成帝置五人,有三公曹,主断狱事。"②西汉晚期的尚书同秦代和西汉前期相比,权任虽重,但是其主要职责依然是上传下达、传达文书,在政治决策中不起作用。

  尚书机构正式成为国家政务中枢,掌握决策权力是在东汉时期。东汉光武帝鉴于西汉后期大臣专权的教训,削弱三公的权力:"愠数世之失权,忿强臣之窃命,矫枉过直,政不任下,虽置三公,事归台阁。"③尚书一职开始发生实质性的变化:"及光武帝亲总吏职,天下事皆上尚书,与人主参决,乃下三府,尚书令为端揆之官。"④尚书由原来皇帝的秘书机构演变为决策机关,取代西汉的丞相成为正式的中央政权中枢。尚书令位高权重,尊荣当世:"尚书令主赞奏,总典纲纪,无所不统,秩千石。故公为之(者),朝会不陛奏事,增秩二千石。天子所服五时衣赐尚书令。其三公、列卿、(大夫)、五营校尉行复道中,遇尚书(令)、仆射、左、右丞,皆回车豫避。"⑤东汉地方各级政府的行政公务首先上报给中央的公府,如汉桓帝时,司空、司徒在上书皇帝奏请为孔庙设置守庙的百石卒吏的奏书中,开始就提道:"鲁前相瑛书言。"⑥瑛的上书应该是先交付司空、司徒。地方政府的文书交付尚书,如汉灵帝时,弘农太守樊毅奏请免除华山下十里以内民众的田租口算钱,上奏曰:"弘农太守臣毅顿首死罪上尚书。"⑦《鲁相史晨祠孔庙奏铭》载:"鲁相臣晨,长史臣

---

① (唐)李林甫等撰,陈仲夫点校:《唐六典》卷1,第6页。
② 《汉书》卷10《成帝纪》,第308页。
③ 《后汉书》卷49《仲长统传》,第1657页。
④ (唐)李林甫等撰,陈仲夫点校:《唐六典》卷1,第6页。
⑤ (清)孙星衍等辑,周天游点校:《汉官六种·汉官仪》,第140页。
⑥ (宋)洪适撰:《隶释·隶续》卷1,第18页。
⑦ (宋)洪适撰:《隶释·隶续》卷2,第28页。

谦，顿首死罪上尚书。"①九卿的一些文件也要交付尚书，如《无极山碑》载："大常臣耽丞敏顿首上尚书。"②

（五）从回复方式考察

书牍和公文回复方式不同。公文主要涉及行政事务的请示汇报，回复应该具有确定性、可操作性。书牍的目的主要是期望对方了解文书中反映的情况，按照秦汉社交礼节，一般称为报书。文献中有皇帝回复的上书，列表如表 3-4 所示。

表 3-4　皇帝对上书的回复一览表

上书者	内容	回复	文献出处
大鸿胪	奏（刘）德讼子罪	制曰……	《汉书》卷 36《楚元王刘交传》
丞相、廷尉等奏	奏淮南王刘长	制曰……	《史记》卷 118《淮南衡山列传》
丞相等奏	奏流放淮南王	制曰……	《史记》卷 118《淮南衡山列传》
丞相等奏	议淮南王罪处置	制曰……	《史记》卷 118《淮南衡山列传》
丞相嘉等	宗庙事宜	制曰可	《汉书》卷 5《景帝纪》
丞相张苍、御史大夫冯敬	修改肉刑	制曰可	《汉书》卷 23《刑法志》
有司	令县祠稷事务	制曰可	《汉书》卷 25 上《郊祀志》
有司	尊宝鼎	制曰可	《汉书》卷 25《郊祀志》
丞相、廷尉等	奏晁错罪	制曰……	《汉书》卷 49《爰盎晁错传》
有司	捕诛江都王刘建	制曰……	《汉书》卷 53《景十三王传》
大鸿胪、丞相长吏等	奏逮捕广川王去及后昭信	制曰……	《汉书》卷 53《景十三王传》
有司	奏诛广川王	制曰……	《汉书》卷 53《景十三王传》
列侯、中二千石等	议对广川王的处置意见	制曰……	《汉书》卷 53《景十三王传》

---

① （宋）洪适撰：《隶释·隶续》卷 1，第 23 页。
② （宋）洪适撰：《隶释·隶续》卷 3，第 44 页。

续表

上书者	内容	回复	文献出处
御史大夫儿宽	上寿	制曰……	《汉书》卷58《儿宽传》
有司	逮捕昌邑王贺	制曰……	《汉书》卷63《武五子传》
守军正丞	奏监御史罪	制曰……	《汉书》67《胡建传》
廷尉	议陈汤罪	制曰……	《汉书》卷70《陈汤传》
御史中丞	议龚胜罪	制曰……	《汉书》卷72《龚胜传》
太仆、中垒校尉	议宗庙事宜	制曰……	《汉书》卷73《韦贤传》
京兆尹	赵广汉告丞相罪	制曰……	《汉书》卷76《赵广汉传》
左将军	奏王商罪	制曰……	《汉书》卷82《王商传》
左将军彭宣	奏丞相博等罪	制曰……	《汉书》卷83《朱博传》
丞相、御史大夫	奏诸侯王官事宜	制曰可	《汉书》卷86《何武传》
光禄大夫、左将军等	奏请谒者召嘉诣廷尉诏狱	制曰……	《汉书》卷86《王嘉传》
学官	请为博士立弟子	制曰可	《汉书》卷88《儒林传》
太史令	奏行礼毕	制曰可	《后汉书》卷95《礼仪志》
尚书令、仆射等	请立皇后	制曰可	《后汉书》卷95《礼仪志》注
太史令	奏请八能之士行事	制曰可	《后汉书》卷95《礼仪志》
太史令	白礼毕	制曰可	《后汉书》卷95《礼仪志》
大司空、太常等	奏封立兄弟诸子	制曰可	《后汉书》卷1《光武帝纪》
有司	奏有关祭祀汉明帝事宜	制曰可	《后汉书》卷3《章帝纪》
有司	上章帝尊庙曰肃宗	制曰可	《后汉书》卷4《和帝纪》
尚书令	补缺礼仪制度	制曰可	《后汉书》卷6《顺帝纪》
有司	和帝等不宜称宗	制曰可	《后汉书》卷9《献帝纪》
左将军	奏劾马融	制曰……	《后汉书》卷60《马融传》注引《融集》
郎中张文	因蝗灾对策	制曰……	《后汉书》卷60《蔡邕传》注引《汉名臣奏》
太常	请祭祀无极山神	制曰可	《隶释·无极山碑》
司徒、司空	请置孔庙百石吏	制曰可	《隶释·孔庙置守庙百石孔和碑》
定陶王	谢天子立其为皇太子	天子报闻	《汉书》卷11《哀帝纪》
燕刺王刘旦	请立郡国宗庙	奏报闻	《汉书》卷63《武五子传》

续表

上书者	内容	回复	文献出处
武帝时四方士	言事、自炫鬻	报闻	《汉书》卷65《东方朔传》
霍光妻	上书献城西第赎霍山罪	报闻	《汉书》卷68《霍光传》
茂陵徐生	三次上书要求抑制霍氏专权	三次报闻	《汉书》卷68《霍光传》
天下民众	言便宜	报闻	《汉书》卷78《萧望之传》

由表 3-4 可知，38 例有皇帝确定性回复的，即"制曰可"或"制曰……"的资料中，其作书人的身份无一例外，都为官僚。皇帝对大臣所奏内容回复为"制曰"是具有行政、法律效应的公文，具有明确的指示性、可执行性。6 例回复为"报闻"的上书者，4 例身份是非官僚身份，回复方式都是"报闻"，用通俗的说法就是"知道了"。

（六）关于官员的诣阙之章

官员的诣阙之章是特定内容的文书，主要是关系官员自身问题的上书，如谢罪、谢恩等。结合蔡邕的《独断》以及其他文献资料，本书认为，虽然文献在记载吏民的上书时有很大一部分没有"诣阙"字样，但从上下文语境、秦汉制度等各方面看，这类上书大多数应该是诣阙送达皇帝（也有一些上变事上书可以通过政府的邮驿上达）。上文提到，各级行政长官有正常的行政文书的传递渠道，没有提到"诣阙"的，一般应该是通过正常的文书传递渠道送达皇帝手中，不是诣阙传递。然而表 3-3 中显示，文献资料中记载有 18 例中央公卿大臣的诣阙上书。其中，10 例的上书目的是谢恩或谢罪，2 例是归乡里的辞职报告，1 例是因为受到封赏而上书辞让，1 例是上书诉说自己的身体状况，4 例是言事。谢罪或谢恩、辞职、辞让、诉说自己的身体状况等的上书有一个共同点就是都是关系官员自身的问题，共 16 例。秦汉把官员们的这一类上书规定为诣阙呈递，说明这类上书具有特殊性，将其传递渠道与其他上奏文书分开。

太常杨震、太尉李咸以及太尉董卓诣阙上书陈政事需要具体分析。杨震两次诣阙上书主要是针对安帝过度恩宠乳母王圣而作。李咸诣阙上书起因是在如何为窦太后下葬的事宜上,与权势炙手可热的宦官们意见不一致。虽然这件事皇帝专门举行了廷议,但是由于由宦官主持,李咸的反对意见很难传达到皇帝那里,于是他诣阙上书申明自己的主张。这三次诣阙上书是在东汉后期,外戚宦官群小把持朝政的非正常政治状态下,通过正常的途径很难将意见传递给皇帝。董卓"乃与司徒黄琬、司空杨彪,俱带铁锧诣阙上书,追理陈蕃、窦武及诸党人,以从人望"①,董卓的此种举动为争取民心,诣阙则可以让天下人看到他的表现,其并非常态的官僚上书途径。

综上所述,吏民的诣阙之章无论从现代行政学公文概念判断,还是从文体论源流考察,都不属于公文。结合文体类别、上达途径、回复的方式等方面比较,其与奏、表等公文有着根本的不同。本书认为,秦汉吏民的诣阙之章不应简单地判断为公文,而是属于民众在非日常交往领域的书牍。同样,民众进奏各级行政长官的"记""书"与吏民诣阙之章的性质相同。

孙家洲指出:"在执法实践中,汉人则非常重视法律与人情、人心之间的谐调,力争使法律的威严,不仅仅是来自国家暴力的高压之下,而且建立于多数人赞同的基础之上。""在执法的层面上,汉代士人表现出高度的智慧和理性,在具体法律程序的运作中,他们把僵硬的法律规定赋予了人性化的解释,缓和了专制皇权对法律的非良性操控,减轻了法律残酷无情的色彩。"②汉代行政运作中的上书制度同样具有执法过程中的理性因素,既能保证社会民众意志的表达,同时又将之与行政行为分离,保证人心的归属和社会的稳定。刘汉王朝在政治、法律、文化等诸多细节中的变化正是其能够牢牢抓住民心的重要原因之一。

---

① 《后汉书》卷 72《董卓传》,第 2325 页。
② 孙家洲:《论汉代执法思想中的理性因素》,《南都学坛》2005 年第 1 期,第 11、17 页。

第四章　秦汉书牍形制的特征

书牍的形制是指书牍物质载体的制作样式以及书牍的书写格式。秦汉书牍的形制受社会物质发展水平、人际交往习俗的影响，其物质载体的式样以及书写格式具有鲜明的时代特征。

一、整齐划一的简牍长度

宋朝以后，人们习惯用"尺牍"作为书牍的代称，这是秦汉书牍写作载体对后世产生的深远影响。秦汉时期，虽然也有人将文字书写在素帛或纸张上，但因成本太高不易获得，并未推广，简牍才是社会上普遍使用的书写材料。尺牍之称明确了书牍写作载体——简牍的长度以及样式，即是汉一尺[①]的长方形木板，这从传世文献和出土文物中都可以得到证明。"牍，专谓用于书者……李贤《蔡邕传》注引《说文》而曰长一尺。按汉人多云尺牍，《史记》缇萦通尺牍，此臣得用于君也。《汉书》陈遵与人尺牍，主皆藏去，此施于侪辈者也。"[②]表 4-1 中出土的书牍长度约为汉一尺。胡平生先生列表统计了出土的西北边塞秦汉文书简牍长度后得出结论："秦汉时期公私文书，不论竹、木简或木牍，长度大多为一秦汉尺，这似乎可以说明当时已有了一种相对稳定的用简制度（西北边塞屯戍简牍略不足一尺与超过一尺者，应看作当时尺

[①] 西汉前期一尺合今 22.5～23.5 厘米（当以 23.5 厘米为准）；西汉后期（昭帝、宣帝及以后）一尺合今 23.5～23.75 厘米；新莽一尺合今 23～23.1 厘米（当以 23.1 厘米为准）。参见天石：《西汉度量衡略说》，《文物》1975 年第 12 期，第 86 页。

[②] （清）段玉裁撰：《说文解字注》卷 13，第 321 页。

度与制作的误差）。"①笔者统计了近年来出土的安徽天长汉墓和长沙东牌楼简牍中完整的书牍共计 24 枚，其长度在 22~24 厘米。考虑到简牍加工的条件并结合出土的简牍实物的具体情况，这些微小的误差应该是忽略不计的。也有一些书牍是书写在素帛之上，布帛本身的尺幅比较大，"布帛广二尺二寸为幅，长四丈为匹"②，用于书写书牍时，要进行剪裁。1990 年出土于敦煌悬泉置的一幅完整的帛书《元致子方书》（T0114③：611），"绢地，黄色。长 34.5、宽 10 厘米。竖行隶书，共 10 行，322 字。出土时叠成小方块，因受潮墨迹相互渗透，保存完整"③。尽管帛书与简牍尺寸有出入，但尺素也是一个固定化的词。后世还衍生出多个以尺为词根的书牍别名，如"尺翰""尺简""尺纸""尺书"等。

秦汉出土的简牍有长有短，从几厘米到六七十厘米不等，学者已经认识到其长度并非杂乱无章，不等的表象下面有一定的制度规范。1912 年，王国维把简牍的尺寸长短规律概括为："由是观之，则秦、汉简牍之长短，皆有比例存乎其间。简自二尺四寸，而再分支，三分之、四分之；牍则自三尺（檄），而二尺（檄），而尺五寸（传信），而一尺（牍），而五寸（门关之传）。一均为二十四之分数，一均为五之倍数。"④胡平生先生修正了上述论断："实际上，王文中的另有一句不大被人注意的话，即'以策之大小为书之尊卑'，这才是简牍制度的'重要定律'"，并进一步阐述，"'以长牍为尊'实有两方面的含义，一是尊贵之人用长简，二是尊贵重要之事用长简"。⑤然而，根据秦汉人们对"尺牍"的称谓习惯以及文献文物资料，我们并没有发现秦汉用于广泛人际交往的书牍有尺寸的差别，不管是事之轻重大小，还是人之贵贱尊卑，在书牍交往中，其物质性的外在差别并不存在。

秦汉社会无论是日常交往领域的书牍，还是非日常交往领域的书牍；无论是一般平民所写，还是官僚贵族所用，木牍的长度基本上都为汉一尺。在书牍用牍制度中，各阶层通用的一尺之牍并没有体现用简制度的原则。然而，

---

① 胡平生：《简牍制度新探》，《文物》2000 年第 3 期，第 68 页。
② 《汉书》卷 24 下《食货志》，第 1149 页。
③ 甘肃省文物考古研究所：《甘肃敦煌汉代悬泉置遗址发掘简报》，《文物》2000 年第 5 期，第 13~14 页。
④ 王国维原著，胡平生、马月华校注：《简牍检署考校注》，上海：上海古籍出版社，2004 年，第 58 页。
⑤ 胡平生：《简牍制度新探》，《文物》2000 年第 3 期，第 67、69 页。

当我们把所有臣民的书牍与皇帝所用书牍的尺寸比较后发现,"以长牍为尊"的原则是存在的。皇帝用的书牍为尺一,文帝时与匈奴和亲,皇帝写给匈奴单于的书牍用的即是尺一牍:

> 汉遗单于书,牍以尺一寸,辞曰"皇帝敬问匈奴大单于无恙",所遗物及言语云云。中行说令单于遗汉书以尺二寸牍,及印封皆令广大长,倨傲其辞曰"天地所生日月所置匈奴大单于敬问汉皇帝无恙",所以遗物言语亦云云。①

熟悉汉朝礼仪的中行说建议单于用比汉朝长一寸的牍回复汉朝,以表示对汉朝廷的傲视,这说明牍之长短的确有区别贵贱的功能。皇帝发布的诏令为尺一之牍,体现了以长牍为尊的用牍原则。王国维说:"唯天子诏书独用尺一牍,《史记·匈奴传》'汉遗单于书牍以尺一寸',《汉旧仪》之'尺一板'(《续汉志》、《注》、《大唐六典》、《通典》诸书引),《汉仪》之'尺一诏'(《御览》五百九十三引),《独断》之'尺一木'皆是也。汉人又单谓之'尺一'。《后汉书·杨赐传》云'断绝尺一',《李云传》云'尺一拜用',《儒林传》云'尺一出升',《续汉书·五行志》云'尺一雨布',皆是。《魏志·夏侯玄传》'先是有诈,作尺一诏书,以玄为大将军',则魏制犹然。汉时以长牍为尊,故臣下用一尺,天子用尺一。"②皇帝用尺一之牍是专制主义皇权为确立其至高无上的权威和地位采取的种种措施之一,对特定名称及器物拥有独家所有权以示与其他人相区别。

表 4-1　出土秦汉简牍中书牍载体长度一览表

墓葬或遗址	内容类别	木牍长度/厘米	出处
安徽天长汉墓 M19∶40-10	书牍	23	《安徽天长西汉墓发掘简报》
安徽天长汉墓 M19∶40-15	书牍	22.4	《安徽天长西汉墓发掘简报》
安徽天长汉墓 M19∶40-20	书牍	22.8	《安徽天长西汉墓发掘简报》

---

① 《史记》卷110《匈奴列传》,第2899页。
② 王国维原著,胡平生、马月华校注:《简牍检署考校注》,第54~56页。

续表

墓葬或遗址	内容类别	木牍长度/厘米	出处
安徽天长汉墓 M19：40-12	书牍	22.2	《安徽天长西汉墓发掘简报》
东牌楼 J7⑤：1134	书牍	24.2	《长沙东牌楼东汉简牍》
东牌楼 J7③：1061	书牍	24.2	《长沙东牌楼东汉简牍》
东牌楼 J7③：1065	书牍	24.3	《长沙东牌楼东汉简牍》
东牌楼 J7⑤：1137	书牍	24.8	《长沙东牌楼东汉简牍》
东牌楼 J7②：1006	书牍	24.6	《长沙东牌楼东汉简牍》
东牌楼 J7③：1059	书牍	24.9	《长沙东牌楼东汉简牍》
东牌楼 J7④：1100	书牍	23.1	《长沙东牌楼东汉简牍》
东牌楼 J7③：1067	书牍	23.2	《长沙东牌楼东汉简牍》
东牌楼 J7②：1011	书牍	23.3	《长沙东牌楼东汉简牍》
东牌楼 J7②：1009	书牍	23.2	《长沙东牌楼东汉简牍》
东牌楼 J7②：1041	书牍	24	《长沙东牌楼东汉简牍》
东牌楼 J7③：1057	书牍	24.9	《长沙东牌楼东汉简牍》
东牌楼 J7③：1063	书牍	24.7	《长沙东牌楼东汉简牍》
东牌楼 J7③：1064	书牍	22.8	《长沙东牌楼东汉简牍》
东牌楼 J7③：1068	书牍	23.9	《长沙东牌楼东汉简牍》
东牌楼 J7⑤：1143	书牍	24.2	《长沙东牌楼东汉简牍》
东牌楼 J7⑤：1144	书牍	23.2	《长沙东牌楼东汉简牍》
东牌楼 J7②：1028	书牍	23.1	《长沙东牌楼东汉简牍》
东牌楼 J7⑤：1136	书牍	23.1	《长沙东牌楼东汉简牍》
东牌楼 J7⑤：1148	书牍	23.8	《长沙东牌楼东汉简牍》

二、长短不一的书牍篇幅

（一）日常交往书牍

书牍是一件在木牍上书写一件书牍。木牍一般长度为汉一尺，宽度大多在 2.5～8 厘米。在这样的空间内，即使是木牍正反两面都书写文字，字数最多也就二三百个。写在素帛上的书牍，篇幅也和书写在简牍上的差不多，如悬泉置遗址出土的一件写在帛书上的书牍共有322个字。东汉时一些书牍字数虽然略有增加，如苏竟《与刘龚书》、马援《与隗嚣》、冯衍《与妇弟任武达书》、臧洪《答陈琳书》等均有五六百字，但书牍依然以篇幅简短为主。东汉还出现了以纸为载体书写的书牍。尽管纸张携带轻便，成本很低，但书写在纸上的书牍依然篇幅简短。马融《与窦伯向书》曰："孟陵奴来赐书，见手迹，欢喜何量，次于面也。书虽两纸，纸八行，行七字，七八五十六字，百十二言耳。"① 书写于两张纸上的一封书牍也就百字左右。应场《报庞惠恭书》："曾不枉咫尺之路，问蓬室之旧，过意赐书，辞不半纸。"② 一件书牍只写了半页纸。延笃《答张奂书》："离别三年，梦想言念，何日有违。伯英来，惠书盈四纸，读之三复。"③ 张奂写的书牍也只有二三百字。秦汉传世文献史料中的书牍，除了少数如司马迁《报任安书》外，多数篇幅都在二三百字之内。

秦汉书牍篇幅简短是由当时书写的物质载体、书牍传递的途径以及书牍本身的特征等多重因素共同决定的。

早期社会人们的书写与后世相比，更为明显地受制于一些物质条件或其他条件。在造纸技术完善、纸张被大量使用于日常书写之前，竹木简牍一直是秦汉人主要的书写工具。竹木简牍制作的不易、缣帛贵重难求制约了时人书写文章的篇幅。章学诚说："古人作书，漆文竹简，或著缣帛，或以刀削，繁重不胜。是以文辞简严，章无剩句，句无剩字。良由文字艰难，故不得已而作书，取足达意而止。"④

以竹木为载体，虽然在一定程度上制约了书写的篇幅，但书于简牍的文书未必就一定简短。编简成册也可以大书特书、尽情写意，但是，秦汉书牍传递的途径又进一步制约了书牍的书写篇幅。

学者的研究表明，秦汉已经建立了制度完善、效率卓越、四通八达的公文邮驿传递系统，有特定的通信组织邮亭驿置，有不同的传递方式，有完善的文书封缄、传递、签收的制度。不过，秦汉邮传主要是官邮，国家邮驿系统严禁

---

① （清）严可均辑，许振生审订：《全后汉文》卷18，第175页。
② （清）严可均辑，许振生审订：《全后汉文》卷42，第421页。
③ （清）严可均辑，许振生审订：《全后汉文》卷61，第629页。
④ （清）章学诚著，冯惠民点校：《乙卯札记·丙辰札记·知非日札》，北京：中华书局，1986年，第36页。

私人日常交往的书牍传递。即使是有人假公济私通过国家邮驿方式传递书牍，也属于违法行为，且能做到的也是掌握资源的极少数人。政《与幼卿书》中提道："官薄身贱书不通。"就是官府中一般的小吏，由于职务卑微无法利用国家资源传递信息，因此只能依靠熟人捎书带信，"因同吏郎今迁为敦煌鱼泽候守丞王子方"①。熟人的捎带是秦汉日常交往书牍传递的主要方式。司徒史鲍恢以事到东海，路过大司徒王良家，"过候其家，而良妻布裙曳柴，从田中归。恢告曰：'我司徒史也，故来受书，欲见夫人。'妻曰：'妾是也。苦掾，无书'"②。悬泉汉简中的《建致中公、夫人书》是通过敦煌卒史传递。许多简牍书牍中都提到了捎书人的姓名，如"谨因甲渠官令史王卿致"③"谨因子春致书"④等。

一方面，作为传递中介的熟人往往是有一定的任务或目的出门远行，不可能是专程为送信前往。在秦汉交通工具不发达的时代，自己的行李包裹需要肩挑背扛，尽量是少拿无关紧要的东西。作为致书人的一方，是求人帮忙做事，不能强人所难。竹木简牍本身都是有一定重量的物体，多了自然重量增加，所以应是越少越好。汉乐府诗歌《饮马长城窟行》"客从远方来，遗我双鲤鱼；呼儿烹鲤鱼，中有尺素书"，反映出致书人的机智和当时客观情况。另一方面，在明清以后专门为私人投递信件的民信局出现以前，信使（熟人或专使）是书牍传递中不可或缺的组成部分，他们与书牍一起构成一次信息传递的载体。中唐以后，我们现代意义上的"信"才普遍具有了"书牍"的含义。托付传信的信使一般不会是与致书人毫无关系的职业人员，而是同事、朋友、家奴等熟人，对致书人的状况有一定了解。他们在送信的同时，可以通过面对面的叙述将致书人所需传递的其他信息转达受书人。而书牍只需表达由致书人亲自负担的礼仪问候、私密性的情感表达或者一些特定需要明确的事项即可。《后汉书·逸民传》注释中引皇甫谧《高士传》资料，详细地描述了司徒侯霸派遣的使者侯子道送书牍给严光的见面过程：

---

① 林海村、李均明编：《疏勒河流域出土汉简》，第 53 页。
② 《后汉书》卷 27《王良传》，第 933 页。
③ 甘肃省文物考古研究所、甘肃省博物馆、文化部古文献研究室，等编：《居延新简：甲渠候官与第四燧》，第 155 页。
④ 谢桂华、李均明、朱国炤：《居延汉简释文合校》，第 593 页。

霸使西曹属侯子道奉书，光不起，于床上箕踞抱膝发书读讫，问子道曰："君房素痴，今为三公，宁小差否？"子道曰："位已鼎足，不痴也。"光曰："遣卿来何言？"子道传霸言。光曰："卿言不痴，是非痴语也？天子征我三乃来。人主尚不见，当见人臣乎？"子道求报。光曰："我手不能书。"乃口授之。①

严光是在读完侯霸写给他的书牍后问子道"遣卿来何言"，可见，书牍中并没有表达侯霸希望拜见严光的信息，而这应该是此次信息传递的重要内容。此信息是由使者侯子道口头表达完成的，书牍中则可能只是一些寒暄的话语。孔融《与韦休甫书》中提到"辛从事至，承获所讯"②，表明使者在传递信息中的作用。

（二）非日常领域书牍篇幅不限

非日常领域中的上书、奏记有些篇幅较短，如缇萦的上书、宁阳主簿的上书、告奸类的上书，事情叙述明白即可。还有很多篇幅宏大，动辄几千言，在内容上、篇幅上与官僚的奏议基本没有什么区别。如贾山的上书《至言》有两千多言，梅福的上书一两千言，蔡邕的戍边上书一千多言，最著名的是东方朔的上书："朔初入长安，至公车上书，凡用三千奏牍。公车令两人共持举其书，仅然能胜之。人主从上方读之，止，辄乙其处，读之二月乃尽。"③班固进献给东平王苍、霍谞进给大将军梁商的记也都有几百言。由此可知，民众非日常领域的书牍是没有篇幅限制的。

与日常交往领域书牍不同，上书奏记类书牍不受书写材料——简牍材料本身特质的限制，这与其交付方式有很大关系。上书奏记一般都是亲自送达，以诣阙上书来看，诣阙本身的意思就是到阙下。无论身在何处，需要亲自到阙下呈递。这样，书牍传递不受传递方式的制约，既可以是自己在家乡写好带来，也可以是到京城后再书写，直接交付公车。还有一些上书可以通过政

---

① 《后汉书》卷83《逸民传》注引《高士传》，第2764页。
② （清）严可均辑，许振生审订：《全后汉文》卷83，第838页。
③ 《史记》卷126《滑稽列传》，第3205页。

府的邮驿系统送达，如梅福"后去官归寿春，数因县道上言变事"①；蔡邕戍边上的书是通过"谨因临戎长霍圉封上"，临戎长不可能为蔡邕亲自到京城送书，应该是随同公文的邮驿上达。这样，就不用考虑用牍的数量问题。在书牍的传递过程中，没有如日常交往书牍中的熟人信使加入，所有的信息都需要通过书面语言表达清楚。另外，上书奏记在传递信息之外，其中绝大多数是希望对方能够接受自己的劝谏或请求，而作书人在地位身份上低于对方，要想达到目的，需要通过令人信服的说理和情感打动对方，所以一般会不惜笔墨，慷慨陈词，叙事力求详尽周密、面面俱到，说理则借古喻今、引经据典以增加说服力。

（三）具有一定范式的格式及用语

首先，秦汉书牍已经具备了相对固定的格式及格式用语。秦汉是各种文体发展定型的时期，刘熙的《释名》和蔡邕的《独断》对政治社会生活中的应用文体进行解释时，用途和书写形式是确定其类别的重要标志。上引安徽天长西汉墓中标号为 M19∶40-5 书牍格式如下：

丙充国谨伏地再拜请
孟马足下寒气始至……
□□充国愿得奉闻孟□急毋恙
□伏地再拜②

书牍可分为三部分，"丙充国谨伏地再拜请孟马足下"为上款，"寒气"到第五行结束为正文，第六行"□伏地再拜"为结束语。标号为 M19∶40-10 的《赍且与孟马书》结构与其基本相同。据笔者统计，敦煌、居延汉简中保存完整的书牍共计 23 件，其中 20 封都包含上款、正文、结束语，其书写形式与天长牍 M19∶40-5、M19∶40-10 相一致。上款书写模式为：致书人的名，接着是具礼，然后是启事语，再后是受书人的字，再然后是提称。如"宣伏

---

① 《汉书》卷 67《梅福传》，第 2917 页。
② 天长市文物管理所、天长市博物馆：《安徽天长西汉墓发掘简报》，《文物》2006 年第 11 期，第 16 页。

地再拜请幼孙少妇足下"(《居延汉简释文合校》10.16A),"马建叩头言张掾执事"(E.P.T2:5A),"敞叩头言子惠容□侍前"(E.P.T51:203A),"政伏地再拜言幼卿君明足下"(《敦煌汉简释文》1871),"元伏地再拜请子方足下"(《敦煌悬泉置汉简》Ⅱ0114③:611),等等。结束语或是上款中的具礼加受书人的尊称,如"伏地再拜幼孙少妇足下"(《居延汉简释文合校》10.16B),或是上款中的具礼加"幸甚幸甚",如"叩头幸甚幸甚"(《居延汉简释文合校》142.28B),或是直接用"幸甚幸甚"。部分书牍结束语后还有附言,一般是交代捎信人的情况或另有其他事项告知。

其次,由尊称与具礼共同构成的示敬方式,秦汉间经历了形式由相对单一到逐步多样化。"人所以相拜者何? 所以表情见意,屈节卑体,尊事人者也。拜之言服也。"①无论是尊称,还是拜礼,均是向受书人表达敬意的方式。秦汉间书牍上款中的示敬方式存在变化。

西汉到东汉中期的示敬方式。这一阶段,能确定时代的书牍示敬方式如下:

安徽天长汉墓年代为西汉中期偏早,其上款为:

贲且伏地再拜请孺子孟马足下……②(M19:40-10)

敦煌悬泉置汉简中的两封书牍都是出土于第三堆积层,属于西汉晚期:

建伏地请中公、夫人足下,劳苦临事善毋恙……
　　　　　　　　　　(《敦煌悬泉置汉简》Ⅱ0114③:610)
元伏地再拜请子方足下,善毋恙……③
　　　　　　　　　　(《敦煌悬泉置汉简》Ⅱ0114③:611)

居延、敦煌汉简中唯一一封写有具体日期的为西汉平帝时期:

---

① (清)陈立撰,吴则虞点校:《白虎通疏证》卷7,北京:中华书局,1994年,第346页。
② 天长市文物管理所、天长市博物馆:《安徽天长西汉墓发掘简报》,《文物》2006年第11期,第16页。
③ 胡平生、张德芳编撰:《敦煌悬泉汉简释粹》,第184、187页。

马常叩头白

君卿足下毋恙元始元年二月甲子不侵候长☐　（E.P.T10∶6）

由上述材料可知，西汉时期书牍中的具礼主要使用"伏地再拜"，有少数使用"叩头"。尊称中，在对方的字后一律加提称"足下"。陈直先生对居延汉简书牍行文格式分析后认为："从上列四种形式分析，以某伏地再拜，或某伏地再拜请一种最为普遍，敦煌简亦然，知为西汉中晚期书牍之通例，为汉代古籍所未详。坐前及上叩大安，已与后代之称阁下及书尾问安之习惯相似。"[①]

居延、敦煌秦汉简牍基本上属于西汉武帝到东汉中期，因此其中的书牍也应属于这一时期。表 4-2 的 48 例书牍资料中，同时有尊称和具礼的共 39 例。其中具礼为"伏地再拜"，后用提称"足下"的有 18 条之多。以"叩头"具礼的有 24 条，其后使用的提称有"足下""门前""侍者"等。少数具礼还有"伏地""再拜"，仅有一条没有具礼。虽然西汉中期到东汉中期的书牍中，尊称与具礼方式出现了一定不同，但是，其差别性体现还不十分显著。

表 4-2　简牍中书牍的上款、祝愿词和部分封箴一览表

书牍上款	编号	文献
宣伏地再拜请幼孙少妇足下善毋恙	10.16A	《居延汉简释文合校》
解敞叩头白	18.7A	《居延汉简释文合校》
赏伏地再拜请子卿足下善毋恙	34.7A	《居延汉简释文合校》
充伏地再拜中卿足下	34.22	《居延汉简释文合校》
萧晏白／李子真属见	35.20A	《居延汉简释文合校》
成伏地再拜请／卿足下善毋恙	45.6B	《居延汉简释文合校》
宣叩头言游君容万年毋恙	81.5AB	《居延汉简释文合校》
熹叩头叩头言／□□足下	103.46A	《居延汉简释文合校》
受叩头言／子丽足下	142.28A	《居延汉简释文合校》
给使烽长仁叩头言／掾毋恙	157.10A	《居延汉简释文合校》
弘叩头多问子长	157.25A	《居延汉简释文合校》
郅严叩头白／夏侯掾坐前	231.13B	《居延汉简释文合校》

---

① 陈直：《居延汉简研究》，第 152 页。

续表

书牍上款	编号	文献
凤伏地言／保卿足下毋恙	260.15	《居延汉简释文合校》
宣伏地再拜言／少卿足下	311.17B	《居延汉简释文合校》
广意伏地再拜覆长实足下	408.2	《居延汉简释文合校》
曹宣伏地叩头白记／董房冯孝卿坐前万年毋恙	502.14A	《居延汉简释文合校》
伏地再拜／次君足下（封缄）	甲附12A	《居延汉简释文合校》
初叩头多问丈人	乙附51	《居延汉简释文合校》
信伏地再拜多问／次君君平足下	乙附51	《居延汉简释文合校》
萧骏叩头白／冯卿待□足下善	E.P.T3：9A	《居延新简：甲渠候官与第四燧》
马建叩头言／张掾执事毋恙	E.P.T2:5A	《居延新简：甲渠候官与第四燧》
马良叩头白☒／□□坐前	E.P.T7:49A	《居延新简：甲渠候官与第四燧》
马常叩头白☒／君卿足下毋恙	E.P.T10:6	《居延新简：甲渠候官与第四燧》
习叩头言／□士坐前	E.P.T27:21A	《居延新简：甲渠候官与第四燧》
高仁叩头白记／甲渠候曹君门下（封箴）	E.P.T40:7	《居延新简：甲渠候官与第四燧》
吴阳书再拜奏／甲渠候曹君门下（封箴）	E.P.T40:8	《居延新简：甲渠候官与第四燧》
胡掾伏地白／郑卿足下毋恙	E.P.T48:16	《居延新简：甲渠候官与第四燧》
叶宋乃始张佰丈叩头言／子翘子玉足下	E.P.T50:42A	《居延新简：甲渠候官与第四燧》
掾永叩头白记／甲渠候解君门下	E.P.T50:139	《居延新简：甲渠候官与第四燧》
敞叩头言／子惠容□侍前	E.P.T51:203A	《居延新简：甲渠候官与第四燧》
弘伏地再拜／□□□足下	E.P.T52:316A	《居延新简：甲渠候官与第四燧》
伏地再拜／实足下善毋恙	E.P.T53:48	《居延新简：甲渠候官与第四燧》
居延令弘伏地再拜少卿足下	E.P.T53:296A	《居延新简：甲渠候官与第四燧》
赋弟充谨伏地再拜请／中君次公足下善毋恙	E.P.T56:87A	《居延新简：甲渠候官与第四燧》
赵凤叩头白记／戴君门下（封箴）	E.P.T56:178	《居延新简：甲渠候官与第四燧》
忠顷伏地再拜请／尊长定足下善毋恙	E.P.T56:347A	《居延新简：甲渠候官与第四燧》
夏良叩头言掾△坐前毋恙	E.P.F16:39	《居延新简：甲渠候官与第四燧》
□党伏地言／□夏侯掾执事坐前	E.P.F22:697A	《居延新简：甲渠候官与第四燧》
儿尚叩头白记／杨掾坐前	244A	《敦煌汉简释文》
元月十一日具记细君报春叩头	500A	《敦煌汉简释文》

续表

书牍上款	编号	文献
息子来卿叩头多问丈人毋恙	779	《敦煌汉简释文》
毋乏叩头叩═头═	780	《敦煌汉简释文》
伏地再拜请稚公足下善毋恙	933	《敦煌汉简释文》
伏地再拜子卿足下	1586	《敦煌汉简释文》
□伏地再拜／长卿马足下	1612	《敦煌汉简释文》
政伏地再拜言／幼卿君明足下毋恙	1871	《敦煌汉简释文》
中公伏地再拜请／少君足下善毋恙	1963A	《敦煌汉简释文》
周生并白／□子少足下	2031	《敦煌汉简释文》

东汉后期书牍中的示敬方式。2004年，长沙东牌楼J7古井中出土了大量书牍，第三层至第五层为东汉桓帝至灵帝末期，第二层则是孙吴时期。这些书牍上款主要有：

犹再拜　　　　　　　　（J7⑤：1134）
下书犹顿首言　　　　　（J7③：1069）
熙顿首再拜
蔡主簿得幸　　　　　　（J7③：1065）
堂再拜囗陈主簿侍前　　（J7⑤：1137）
客贱子侈顿首再拜
督邮侍前　　　　　　　（J7②：1006）
月囗五日举顿首言
掾□□侍前　　　　　　（J7③：1059）
□□惶恐言
陈掾侍前　　　　　　　（J7③：1067）
诺白悉袁贱子邓应再拜白（J7②：1025）
属白　　　　　　　　　（J7⑤：1168）
纪白　　　　　　　　　（J7②：1009）
唐囗首白　　　　　　　（J7③：1057）

叩头死罪死罪	（J7③：1063）
原白	（J7③：1064）
津顿首	（J7③：1068）
缘白①	（J7⑤：1136）

在书写的特征上，东汉后期书牍上款与三国两晋时期具有一致性。楼兰、尼雅地区出土书牍绝大部分为魏晋时期，具礼有"再拜""顿首"，启事用语多为"白""惶恐白""言"，尊称有侍者、坐前等。

十月四日具书焉耆玄顿首言
☐督邮彦时司马君彦祖侍者各☐②

（《楼兰尼雅出土文书》2）

三月廿三日郡内具☐
大人坐前者☐③

（《楼兰尼雅出土文书》54）

由长沙东牌楼简牍可知，东汉后期的书牍中，具礼方式出现了多样化的趋势，并呈现出轻重有等的差次性特征。这些方式包括不具礼、再拜、伏地、叩头、顿首、顿首再拜等。与此相应，东汉中后期书牍中的尊称也呈现出多样化的特点，尊敬程度与具礼隆重程度两者呈正比，不再是西汉时期统一化的"字＋足下"的形式。例如，有些上款没有尊称，开场即某白；有些则是"蔡主簿侍前""陈掾侍前""督邮侍前"。称呼官名而不是称其字意味着对受书人特殊社会身份的认知，官名本身就是身份的标志。对于作书人来说，要区分不同的身份而给予相应的称谓。

---

① 长沙市文物考古研究所、中国文物研究所编：《长沙东牌楼东汉简牍》，第84～85、87～95、97页。
② 林梅村编：《楼兰尼雅出土文书》，北京：文物出版社，1985年，第28页。
③ 林梅村编：《楼兰尼雅出土文书》，第37页。

第五章　秦汉书牍的功能

随着社会生活的扩展和民众社会需求的增加，书牍的功能也随之呈现出多样化的特征。作为一种应用性文体，实用性功能永远是第一位的，秦汉书牍在实现最基本的传递信息、交流情感、处理问题这些实用性功能的同时，还具有立言、干禄、礼仪以及建构人际关系等功能。

一、实用性功能

（1）书牍可以把严重的问题轻松化处理。如官场之内，上级对同一问题的处理如果采用书牍的形式，则可以委婉说明，可以表达一种亲善的感情，可以把问题以宽缓的方式解决，甚至是"不作为问题提出"而暗中解决。而一旦使用公文的形式，则是严峻得多，所谓"公事公办"。同类事件使用不同文体经办，效果完全不同，如上级对下级。西汉后期的能臣薛宣出任左冯翊，其下属的两个县令高陵令杨湛、栎阳令谢游"皆贪猾不逊"，此前的长官均无法将他们治罪。薛宣到任之后，暗中搜集了他们的罪证，准备加以严惩。薛宣察觉到杨湛敬重自己，表现出改过向善之意，就有意给他提供自新之路，亲自动笔将杨湛的罪状一一开列清楚，交给杨湛，并且附上一封信：

> 吏民条言君如牒，或议以为疑于主守盗。冯翊敬重令，又念十金法重，不忍相暴章。故密以手书相晓，欲君自图进退，可复伸眉于后。即

无其事，复封还记，得为君分明之。①

杨湛自知所列罪状赃值明确无误，而且薛宣言辞温润，并无伤害之意，杨湛立即交出印绶自行辞职，并且致信薛宣道歉谢罪，于是得以保全声誉。而那位栎阳令谢游却"自以大儒有名"，轻视薛宣，于是薛宣以公文的形式，公开条写其罪状谴责谢游：

> 告栎阳令：吏民言令治行烦苛，适罚作使千人以上；贼取钱财数十万，给为非法；卖买听任富吏，贾数不可知。证验以明白，欲遣吏考案，恐负举者，耻辱儒士，故使掾平镌令。孔子曰："陈力就列，不能者止。"令详思之，方调守。②

谢游只好狼狈不堪地辞职而去。值得我们注意的是，薛宣的两个属下县令主要罪状都是"主守盗"，但是由于处理的方式不同，他们在官场的结局有很大差异。

（2）书牍可以以婉转的方式避免一些不良的后果。秦律《内史杂》规定："有事请殹（也），必以书，毋口请，毋羁（羁）请。"③即在行政运作中如果下级有问题，则应以公文形式向上级报告。但是在实际的生活中，有一些问题如果公开发表会对上级造成不良的影响，于是下级往往会采用私密性的书牍方式：

> □伏地再拜
> 长卿马足下因□□候官教卒史妻子集名籍会月十五日今月已尽次公至今日□
> 令安请欲为次公为之元毋从知其名年人数愿次公急封移三通会今须移官□
> 事不可忽愿留意幸甚④

---

① 《汉书》卷83《薛宣传》，第3387页。
② 《汉书》卷83《薛宣传》，第3388页。
③ 睡虎地秦墓竹简整理小组编：《睡虎地秦墓竹简》，北京：文物出版社，1978年，第105页。
④ 吴礽骧、李永良、马建华释校：《敦煌汉简释文》，第167~168页。

这封书牍的内容主要是候官规定下级部门于下月的十五日交上"卒史妻子"名籍簿,可是眼看时间快到了,致书人所在部门的负责人(长卿)还没有做。致书人准备替长卿做,可是又不知道相关资料,于是写书牍请求对方给自己提供资料,并提醒其工作重要,不能大意。通过书牍的方式,致书人既保证了工作的顺利完成,又掩盖了上级工作不力问题。

(3)使用书牍方式对他人进行教诫或向他人请托时,可以避免人们面对面交流带给对方或自己面子上的伤害。秦汉时期人们具有典型的自尊人格,有强烈的面子意识。直言批评,往往会伤害对方的面子、自尊。自己求人帮忙做事,唯恐当面被人推诿,没有面子。我们看到,许多教诫的书牍并非是因为距离的阻隔才产生,交流的双方往往是同室而居的父子、同在一处的好朋友。作书人没有采用面对面的交流方式而是采用了书牍方式,既可以畅所欲言,又能够避免尴尬局面。

二、立 言 功 能

秦汉时期,无论是日常交往的尺牍短简,还是民众进呈各级行政长官乃至皇帝的长篇大论,其名称都是"书"。对"书记"文体的作用,刘勰总结道:"大舜云:书用识哉!所以记时事也。盖圣贤言辞,总为之书,书之为体,主言者也。扬雄言:言,心声也;书,心画也。声画形,君子小人见矣。故书者,舒也,舒布其言,陈之简牍,取象于夬,贵在明决而已。"①书记文体主要的功能是记言,书中可以表达一个人的志向、善恶。通过书牍,秦汉社会成员可以向社会、他人表达自己的政治、社会主张以及个人的志向等。

秦汉社会,无论是官僚贵族,还是一般的普通百姓,都具有一种积极进取的生活态度,通过建功立业,去追求和实现"社会自我"。秦汉时期,民众对自身价值的认定以及社会角色的期待溢于言表。不但青年人敢于口出豪言壮语,中年人也同样志大言大,具有强烈进取精神。彭卫先生指出:"大丈夫"一词是汉代男性经常使用的词语,它包含汉代男性强烈的进取意识,对雄强

---

① (南朝梁)刘勰著,黄叔琳注,李详补注,杨明照校注拾遗:《增订文心雕龙校注》卷5,第349页。

性、独断性以及坚忍不拔气质的追求和对"忠""义"等伦理道德的追求,展现出时代对男性气质和社会作用的定位以及汉代男性对自己价值的追求。① 人们向社会展示自己价值的途径不仅是立功边疆、进入仕途等外在的事功,著书、言论与立德、立功一样也是实现人生价值的途径之一。公元前 549 年,鲁国的贤智叔孙豹回答晋国贵族请教的"死而不朽"的问题时说,"大上有立德,其次有立功,其次有立言。虽久不废,此之谓不朽"②,反映出春秋战国时期人们人生价值观的更新。迄至秦汉,通过不同的方式立言成为士人的自觉追求。司马迁能在巨大的人生痛苦中矢志不渝,完成《史记》创作,其重要动力是"三不朽"人生价值观的激励。王舜等称扬王莽的功德说:"《春秋》列功德之义,太上有立德,其次有立功,其次有立言,唯至德大贤然后能之。"③张衡说:"今也,皇泽宣洽,海外混同,万方亿丑,并质共剂,若修成之不暇,尚何功之可立!立事有三,言为下列;下列且不可庶矣,奚冀其二哉!"④由于"言"往往著于简牍后能流传久远,将"言"转化为文便成为人们的追求目标。立言并不局限于著书立说上,秦汉的社会条件及物质条件也不可能满足每个人的著书要求。以"言"赠送亲友,或以善言劝诫亲友,或向统治者进言以辅政,都是"立言"的表现形式,上书奏记与著作之间有着息息相通的内在联系:

> 上书奏记,陈列便宜,皆欲辅政。今作书者,犹(上)书奏记,说发胸臆,文成手中,其实一也。夫上书谓之奏记,转易其名谓之书。建初孟年,中州颇歉,颍川、汝南民流四散,圣主忧怀,诏书数至。《论衡》之人,奏记郡守,宜禁奢侈,以备困乏。言不纳用,退题记草,名曰《备乏》。酒糜五谷,生起盗贼,沉湎饮酒,盗贼不绝,奏记郡守禁民酒,退题记草,名曰《禁酒》。由此言之,夫作书者,上书奏记之文也。⑤

---

① 彭卫:《汉代"大丈夫"语汇考》,《人文杂志》1997 年第 5 期,第 73~75 页。
② (唐)孔颖达:《春秋左传正义》卷 35,(清)阮元校刻:《十三经注疏》,第 4297 页。
③ 《汉书》卷 99 上《王莽传》,第 4066 页。
④ 《后汉书》卷 59《张衡传》,第 1904 页。
⑤ (汉)王充:《论衡》卷 29,上海:上海人民出版社,1974 年,第 443 页。

上书奏记和著述在根本目的上相同，只是表现形式不同而已。立言是以"立德"为前提条件的，言说必定要有益于世道人心。

三、干禄功能

"上书陈事，起自战国。逮于两汉，风流弥广。原其体度，攻人主之长短，谏诤之徒也；讦群臣之得失，讼诉之类也；陈国家之利害，对策之伍也；带私情之与夺，游说之俦也；总此四涂，贾诚以求位，鬻言以干禄。"①颜之推揭示出了吏民诣阙上书所具有的干禄功能。秦汉民众积极上书，或为国家献计献策，或揭发奸宄的热情正是在此功能的激励下产生的。

秦汉时期，民众入仕途径有察举、征辟、考试、任子、纳赀等方式，上书言事也是入仕的途径之一。察举需要有人推荐，征辟需要名声闻达，考试有身份限制，任子需要父辈做官，纳赀需要家富赀财。相比较来说，上书干禄具有自主性，不受太多外在条件的限制。东方朔直接向皇帝介绍自己的情况，上书要官：

> 臣朔少失父母，长养兄嫂。年十三学书，三冬文史足用。十五学击剑。十六学《诗》《书》，诵二十二万言。十九学孙吴兵法，战阵之具，钲鼓之教，亦诵二十二万言。凡臣朔固已诵四十四万言。又常服子路之言。臣朔年二十二，长九尺三寸，目若悬珠，齿若编贝，勇若孟贲，捷若庆忌，廉若鲍叔，信若尾生。若此，可以为天子大臣矣。臣朔昧死再拜以闻。②

上书"言便宜"，也可以通向仕途。针对社会政治问题提出自己的主张和建议，一旦进言被皇帝认可，就有可能任官。汉武帝时期，主父偃上书言律令、伐匈奴事务，"是时，徐乐、严安亦俱上书言世务。书奏，上召见三人，

---

① （北齐）颜之推撰：《颜氏家训》卷2，第26页。
② 《汉书》卷65《东方朔传》，第2841页。

谓曰：'公皆安在？何相见之晚也！'乃拜偃、乐、安皆为郎中"①。贾捐之在元帝即位之初上书，待诏金马门。待诏之后，他们随时候旨议政咨询，很有可能被任以官职。如果上书的内容迎合了皇帝私人的需求，也有可能飞黄腾达，如汉武帝时，少翁、栾大等燕齐方士言"神仙方术"，少翁被封文成将军，栾大被封五利将军，后加封天士将军、地士将军、大通将军、乐通侯、天道将军，身佩六印。揭发奸宄的上书更是仕进的捷径，秦汉有很多被封侯者得益于此。乐说上变事告淮阴侯韩信谋反，封慎阳侯；贲赫上书言淮南王英布"谋反有端"，封期思侯；宣帝时，"告霍氏者皆封"：茂陵徐生被诏为郎，长安男子张章封博成侯，期门董忠封高昌侯，左曹中郎杨恽封平通侯，侍中金安上封都成侯。

四、礼仪功能

秦汉书牍不仅仅承担实用性的信息传递、情感交流功能，它还作为具有鲜明时代性的工具，成为实现礼仪功能的新的载体，承担起规范社会中尊卑贵贱、长幼亲疏的伦理秩序的重任。

在祭祀神灵、祖先的过程中，三代社会礼仪内涵逐渐扩大，包含器物仪式、制度、义理等多个层面，其功能领域也由家族、宗族扩展到规范国家的方方面面。西周周公制礼作乐，创立以嫡长子继承法为核心的宗法制和册封、朝觐、巡狩、纳贡等维护周天子对地方统治的一系列制度，确立了维护父子、兄弟、天子与诸侯、诸侯与大夫之间尊卑等级的礼制。礼乐制度成为规范贵族在家庭生活、社会交际和政治活动中行为举止的无所不包的典章制度、礼节仪式，将不同身份等级与礼乐规定对应起来。一般认为，春秋战国是礼崩乐坏时期，僭越礼制、违背礼制的现象层出不穷。社会现实是春秋时期贵族们在政治生活和社会交往中非常推崇讲求礼仪，陈来论述春秋时代的礼乐文化时指出："礼乐文化的结构、模式虽未根本改变，礼乐文化的框架及其要素仍然存在，如各种朝聘礼仪，赋诗歌舞等等；但是，宗法关系危机四起，政

---

① 《汉书》卷 64 上《主父偃传》，第 2802 页。

治秩序转为政治衰朽,这促使有智之士对礼文化的传承加以反思,他们不再注重于仪章度数,不再'屑屑焉学仪',而要求把礼作为守国、行政、得民的根本原则。""这就使得西周以来的礼文化发生了一种由'仪'向'义'的转变,从礼仪、礼乐到礼义、礼政的变化,强调礼作为政治秩序原则的意义。"①战国时期,以儒家为代表的礼学思想的兴起,三《礼》的编订成书,反映出战国时期政治变革、礼制变革的时代特征。

可见,礼乐文化在春秋战国的社会生活中从来没有消失过,而是以变革的形式适应了转型社会的需求,并且向更为广阔的社会空间中扩展。礼依然作用于整个社会生活,是一切名物制度、人际关系、道德规范、人性修养的总则,书牍作为春秋战国以来新兴的文体,随着在社会生活的广泛使用,也不得不遵守伦理的等差原则和行为教条,从一种以尽言为本位的直陈其旨的自由文体,逐渐被纳入体现社会伦理规范的仪式化轨道中。

随着社会生活的丰富,以书牍的格式和内容实现礼仪功能的新方式也应运而生。如三代社会,君臣间、邦国间以言辞为主奏答、交通的形式,在春秋战国时期则逐渐被文书形式所代替。平民阶层也由于学术下移、私学兴盛,出现了更多识文断字者,书牍在吊死问生、建构新关系过程中广泛使用。

秦汉时期,统治者通过对上书内容进行分类和章奏表议中的称谓语言、具礼形式等,凸显君臣间的尊卑关系。民众阶层的书牍,通过格式化的书牍形制,包括称谓、平阙、具礼等形式,体现长幼亲疏的伦理秩序。书牍是最讲究称谓的文体,书牍之所以把称谓作为程式的第一项,其原因就在于只有称谓能用最简洁、最概括的符号完成对社会身份与地位差异的精确区分。东汉末年的祢衡善写书牍,经过他手书的书牍,"轻重疏密,各得体宜"②。"各得体宜"的评定,应并非仅指其文章式样得体适宜,最重要的还应该在于其内涵的"贵贱有等,长幼有差"的伦理定位。

---

① 陈来:《古代思想文化的世界——春秋时代的宗教、伦理与社会思想》,北京:北京大学出版社,2017 年,第 281 页。
② 《后汉书》卷 80 下《文苑传》,第 2657 页。

五、建构人际关系功能

秦汉人际关系是在专制主义中央集权体制下"编户齐民"身份基础上的重建。随着铁器牛耕的使用,在新兴地主阶级通过变法运动建立新制度的促进下,战国时期个体家庭逐渐成为社会的主要细胞。民众逐渐挣脱血缘对人的束缚,在广阔的社会生活中建立起新的联系。

阶级社会产生以前,人类走着大致相同的道路,先是原始群居,以后是氏族,继而发展为部落。这些组织都是以血缘关系为纽带联系起来的。但是在阶级和国家产生后,由于各自的环境和居民的生活方式不同,血缘关系在居民社会生活中的地位和表现形态出现重大的差异。地中海沿岸国家,特别是希腊,人们生活在多岛的海洋性地理环境中,很早就从事海上贸易活动。这种流动性很强的生活方式强有力地冲破了血缘的纽带,形成以地缘和财产关系为纽带的城邦社会。而中华民族由于"日出而作,日落而息"农耕的经济方式、聚族而居的生活方式以及闭塞的地理环境,即使进入阶级社会后,也无法突破血缘关系,血缘家族组织形式被长期保留下来。"国"建立在"家"的基础之上,形成了"家国同构"的社会特质。《荀子·儒效》载,西周"立七十一国,姬姓独居五十三人"[1],也就是说周王朝对国家的管理,主要是由姬姓家族统管,其余诸侯因联姻而成为姬姓的一部分。以宗族为基本社会单位的三代社会,盛行大家庭制,社会人际关系以血缘关系为基础来建构,稳定,持久。

秦国商鞅变法,颁布《分户令》:"民有二男以上不分异者,倍其赋。"[2]其通过拆分大家庭,组建小家庭,为国家提供更多赋税收入来源。贾谊在《过秦论》中批评秦朝风俗"故秦人家富子壮则出分,家贫子壮则出赘"[3]的"生分"现象。汉初不是以法律的形式严令分户,而是以鼓励的形式承认分户的事实,并且予以相应的权利,如《二年律令·户律》规定:"民大父母、父母、

---

[1] 王先谦:《荀子集解》卷4,《诸子集成》,上海:上海书店,1986年,第73页。
[2] 《史记》卷68《商君列传》,第2230页。
[3] 《汉书》卷48《贾谊传》,第2244页。

子、孙、同产、同产子，欲相分予奴婢、马牛羊、它财物者，皆许之，辄为定籍。"①即法律允许祖父母、父母、儿子、孙子、兄弟、兄弟之子们分取家中的奴婢。要求分取马牛羊和其他财物的，都允许，只要把财物分配情况登记在案就行。汉初晁错提及当时家庭情况时说："今农夫五口之家，其服役者不下二人，其能耕者不过百亩，百亩之收不过百石。"②春秋战国以来，不同血缘关系的民众共居一处的情况十分普遍，《庄子》载："少知问于大公调曰：'何谓丘里之言？'大公调曰：'丘里者，合十姓百名而以为风俗也。'"③秦汉时期，里邑中各姓氏混居的现象更为普遍。1973年，河南偃师出土的《汉侍廷里父老僤买田约束石券》记载了侍廷里居民25人成立名为"父老僤"的组织，其中于姓9户，单、尹、锜、周各3户，左姓2户，王、文各1户。④里中居民的血缘构成已经相当多样化。

秦汉社会民众以个体形式融入社会，直接面对生疏的社会群体。一方面，必须突破传统的交往习俗。先秦社会中，介质在人际交往中起着非常重要的作用："无礼不相见，无辞不相交"，无"介"不相接，礼仪、言辞和介者在人际交往中充当必要的联系纽带。同时，介者的数量也是身份的标志："上公七介，侯伯五介，子男三介。所以明贵贱也。介绍而传命，君子于其所尊弗敢质，敬之至也。"⑤介者主要的作用是在人际交往过程中表示对对方的尊敬。秦汉时期，传统礼节仪式的精神内核被保存下来，如在人际交接中，如果要拜见陌生人，必须有介绍者，否则就是唐突冒犯对方。鲁仲连想见新垣衍，平原君主动充当介绍者。秦末，为里监门吏的郦食其希望与刘邦建立联系，可苦于无人为介，后通过刘邦手下的骑士介绍得见刘邦。随着人们生活领域的扩展，处处有介者参与的情况变得不现实。人们为打开局面，建构新的人际联系，通过介绍类书牍的形式，求见对方而不唐突。

另一方面，失去先天血缘纽带的人际关系，呈现出的是不稳定、短暂性的特征，如何进一步巩固在职场、邻里等领域中新建的人际关系？受熟人社会行动逻辑的支配，人们自然是希望把那些短暂不稳定而又复杂多变的人际

---

① 张家山二四七号汉墓竹简整理小组编著：《张家山汉墓竹简〔二四七号墓〕》，第55页。
② 《汉书》卷24上《食货志》，第1132页。
③ （清）王先谦撰：《庄子集解》卷7，《新编诸子集成》，北京：中华书局，1987年，第233页。
④ 高文：《汉碑集释》，第12页。
⑤ （唐）孔颖达：《礼记正义》卷63，（清）阮元校刻：《十三经注疏》，第3675页。

关系变成持久稳定的人际关系，以增强彼此的信任度，达到人际互动的效果，相应的建构人际关系的方式应运而生，其中以书牍的形式表达致书人的心声，传递情感关怀，建立起致书人与受书人情感联系的方式成为其中最有效、可行的途径。天各一方的夫妇通过书牍互相感知对方的心意，增进情感，从而建立起更牢固的夫妻关系；戍守边疆的吏民在生人社会中通过书牍表达情感，沟通原本不稳定的人际关系，达到拉近彼此的关系，建立起稳定和谐的人际关系的目的。

第六章　书牍与秦汉民众精神世界

书牍通过书面文字表达致书人的心声，传达内在情感、思想。即使是以记事为主的书牍，在书牍上款下款的格式语言中也有情感、思想的流露，生动反映着秦汉民众的精神情感世界。

一、强烈的政治社会参与意识

政治社会参与是指秦汉民众通过一定的方式和渠道参与政治社会生活的言论和行动，政治社会参与意识是秦汉政治参与的心理表现。马新通过对两汉乡村研究指出："两汉时代，农民与政府之间有着一种后世所难以见到的独特关系，其突出体现，就是农民对于时政有着很强的参与意识。"[1]书牍能够反映秦汉民众强烈的政治社会参与意识，民众通过积极参与社会生活和政治生活，实现自身的人生价值和追求。

民众通过诣阙上书或者奏记行政长官，对国家、地方事务发表意见，提出对策，积极参与国家政治建设。诣阙上书者很多是一般民众，甚至是入狱的罪犯和逃亡之人。针对政治问题的上书，所涉及的层面几乎包含国家政治的方方面面，上至国家的大政方针，下至具体的制度措施，民众都可以畅所欲言提出自己的主张、意见，有些言语苛责，所提问题十分尖锐。民众进奏给各级行政长官的书记很多也是"言便宜"，如第五伦将"吏人奏记及便宜者，亦并封上"[2]。史书上能够留下痕迹的毕竟是有限的数量，合乎逻辑的推理是

---

[1] 马新：《两汉乡村社会史》，济南：齐鲁书社，1997年，第376页。
[2]《后汉书》卷41《第五伦传》，第1401页。

必然存在着数量庞大的民众上书奏记。这些上书奏记的书写者们，一是要时刻关注时政的各类信息，只有这样，才能在纷繁复杂的事务中发现问题，同时，还要对问题进行深刻的分析，了解相关联的信息和知识。比如，哀帝时有人上书提出改用龟贝为币，虽然这样的建议违背经济规律，但反映出此人对社会经济状况的认识和对广大民众贫困问题的深入思考，以及希望解决问题的意识。为国家举荐人才是各级官员和民众义不容辞的义务。对于那些不能进贤进言的官僚，社会基本上采取的是批判态度。司马迁宫刑之后被任为中书令，友人益州刺史任安写信，劝诫其要谨慎为人处世，为朝廷推荐贤才。九江人鲍骏上书推荐丁鸿明经，谢夷吾上书荐王充才学。司徒王良廉洁奉公有盛名，但当他希望拜见友人时却遭到拒绝并被批评："不有忠言奇谋而取大位，何其往来屑屑不惮烦也？"①

民众通过教诫书牍积极参与社会生活。扬雄引用《易经》名言，对社会交往进行肯定："天地交，万物生；人道交，功勋成，奚其守？"②社会交往对于民众的重要作用，如同天地交合孕育万物一样，民众只有在社会交往中才能实现价值，取得成就。应劭对太原郝子廉"饥不得食，寒不得衣，一介不取诸人"的行为进行批评："《易》称：'天地交，万物生；人道交，功勋成。'《语》：'愿车马，衣轻裘，与朋友共弊之，而无憾。'士相见之礼，贽用腒雉，受而不拒，而交答焉。"③在日常生活中，民众通过乡党朋旧的婚丧嫁娶、吊死问疾、迎来送往等活动，积极参与社会生活，建构和谐关系。积极参与社会生活更深层次的体现就是通过口头、书面或者其他途径，对于亲朋好友在为人处世、品行修养等方面存在问题时，直言不讳地劝勉告诫，这不是个性行为，而是普遍行为。从前文材料可知，以教诫劝谏为目的而作的书牍占有很大的比重。日常交往领域中，教诫类书牍是专门一类，另外在礼仪交往中以言赠行类的书牍中，也有教诫、劝勉的内容。非日常交往领域的书牍，除了直接关系民众个人事务外，大量上书奏记是就皇帝、公卿、郡县守令本身或行政运作中存在的问题进行劝谏。

书牍中反映的民众积极政治社会参与意识是秦汉时期各项制度以及思想

---

① 《后汉书》卷27《王良传》，第933页。
② 汪荣宝撰，陈仲夫点校：《法言义疏》卷3，《新编诸子集成》，北京：中华书局，1987年，第90页。
③ （汉）应劭撰，王利器校注：《风俗通义校注》卷3，北京：中华书局，2010年，第153页。

文化等共同作用的结果。

首先，什伍连坐制度将民众建构成利益共同体，相互之间必须负有责任义务。商鞅变法"令民为什伍，而相牧司连坐。不告奸者腰斩，告奸者与斩敌首同赏，匿奸者与降敌同罚"。司马贞《索隐》注曰："牧司谓相纠发也。一家有罪而九家连举发，若不纠举，则十家连坐。"①杜正胜指出，"随着兵源之扩充，军队的什伍制也逐渐渗入闾里行政组织中。战国以降，平民编伍大体以居宅为基准，举凡编户之民都被纳入伍制"②。什伍制度与连坐制度相伴而生。随着秦国统一进程的推进，什伍、连坐制度逐渐向其他地区推广，最后在全国范围内实行。秦法在具体实施过程中，连坐之法广泛应用。一人犯法会连坐直接管理基层的里典父老以及四邻的伍人、朋友、妻子等，同时法律也要求人们之间有相互监督的责任和互助义务："甲盗不盈一钱，行乙室，乙弗觉，问乙论可（何）殴（也）？毋论。其见智（知）之而弗捕，当赀一盾"③；"削（宵）盗，臧（赃）直（值）百一十，其妻、子智（知），与食肉，当同罪"④。

汉承秦制，行政制度和法律制度基本承袭秦朝，对基层民众的控制依然实行什伍连坐制度。前面提到的《二年律令》中有规定民众相互监督的法律条文："自五大夫以下，比地为伍，以辩券为信，居处相察，出入相司。"⑤《盐铁论》载御史说："故今自关内侯以下，比地为伍，居家相察，出入相司。"⑥法律对于危害国家利益的违法行为施以连坐亲属的惩罚，对隐匿、收留罪人者甚至是不知情者都要予以严惩："匿罪人，死罪，黥为城旦舂，它各与同罪。其所匿未去而告，除。诸舍人匿罪人，罪人自出，若先自告，罪减，亦减舍匿者罪。"⑦

什伍连坐制度使得人人自危，即使自己遵纪守法，也有可能牵连致罪。例如，西汉宰相杨敞之子杨恽，因罪免官。后来杨恽被人告发骄奢不悔过，

---

① 《史记》卷68《商君列传》，第2230页。
② 杜正胜：《编户齐民——传统政治社会结构之形成》，台北：联经出版事业公司，1990年，第133页。
③ 睡虎地秦墓竹简整理小组编：《睡虎地秦墓竹简》，第155页。
④ 睡虎地秦墓竹简整理小组编：《睡虎地秦墓竹简》，第158页。
⑤ 张家山二四七号汉墓竹简整理小组编著：《张家山汉墓竹简〔二四七号汉墓〕》，第51页。
⑥ 王利器校注：《盐铁论校注》卷10，北京：中华书局，2015年，第648页。
⑦ 张家山二四七号汉墓竹简整理小组编著：《张家山汉墓竹简〔二四七号汉墓〕》，第31页。

被腰斩，其亲属安平侯杨谭是杨恽哥哥的儿子，虽然有规劝之语，但力度不够，"坐不谏正恽，与相应，有怨望语，免为庶人。召拜成为郎，诸在位与恽厚善者，未央卫尉韦玄成、京兆尹张敞及孙会宗等，皆免官"①。朋友孙会宗及时意识到杨恽的问题，曾写信极力劝说，让他闭门思过，不要治产业、延名誉，但是，一样受到牵连，被免官。可见，亲朋家人中一人言行不谨慎、不检点，就有可能给周围人带来无妄之灾。所以说，民众在日常生活中为规避他人犯罪而给自己造成的伤害，必然会时刻提高警惕，对身边人的不正常活动保持高度警觉，一有风吹草动，立即上告官府。告奸是民众生活中的一项重要内容，所以，汉初专门有告律，以规范告奸活动。另外，人们还采取积极的手段，防患于未然，在日常生活中相互提醒教育，对于某人出现的不良苗头坚决予以规劝和制止。长此以往，告奸、监督、规劝的社会行动演化为一种对国家、对他人负有高度责任感的社会心理。在此种社会心理的驱使下，秦汉书牍中大量存在对他人行为举止进行教诫劝谏的内容，也就是顺理成章的事情了。

其次，参与政治是民众社会地位上升的重要途径。两汉最重要的选举制是察举制，各级地方长官通过各种渠道考察本地有才能、品德高尚者，向地方或者中央推荐。察举对象有孝廉、秀才、贤良方正、直言极谏、孝悌力田等。孝廉、秀才以及孝悌力田属于个人品行能力，其中"直言极谏"能直陈国家社会的主要问题，匡正皇帝官僚的重大过失。汉文帝二年（前178年），"及举贤良方正能直言极谏者，以匡朕之不逮"②；十五年（前165年），"诏诸侯王公卿郡守举贤良能直言极谏者"③。汉成帝建始三年（前30年），因地震灾害成帝下诏，"丞相、御史与将军、列侯、中二千石及内郡国举贤良方正能直言极谏之士，诣公车，朕将览焉"④，要求举荐的贤良方正能直言极谏指陈他的过失。东汉章帝建初元年（76年）令太傅、三公、中二千石、二千石、郡国守相不拘一格"举贤良方正、能直言极谏之士各一人"⑤；建初五年（80

---

① 《汉书》卷66《杨恽传》，第2898页。
② 《汉书》卷4《文帝纪》，第116页。
③ 《汉书》卷4《文帝纪》，第127页。
④ 《汉书》卷10《成帝纪》，第307页。
⑤ 《后汉书》卷3《章帝纪》，第133页。

年)要求公卿以下所有行政长官举荐人才,特别要求对隐逸之士的举荐:"其举直言极谏、能指朕过失者各一人,遣诣公车,将亲览问焉。其以岩穴为先,勿取浮华。"① 同理,各级地方行政长官也会效仿皇帝,通过下级举荐直言极谏之士的方式,直陈政务得失,征辟人才。民众都可以直接上书皇帝或奏记郡守县令、中央公卿,或阐述自己意愿、政治主张,或告奸宄。同时,国家还允许自我推荐,即"自衔鬻"。史料中记载的民众诣阙上书者或奏记者不胜枚举。国家通过对面向社会各阶层的意见、建议的收集,起到匡正时弊的作用。这一时期涌现出一批因言获官的榜样,如主父偃,虽然学富五车,但是"家贫,假贷无所得,北游燕、赵、中山,皆莫能厚,客甚困","乃上书阙下"。② 与他同时上书的徐乐、严安都得以拜为郎中。终军上书,拜为谒者给事中。

再次,忧患意识是秦汉民众政治社会参与意识的文化心理基础。"人生识字忧患始",忧患意识博兴于西周初期。小邦周灭掉大邑商,最终取代强大的殷商而有天下,"天命靡常"的社会现实使得西周王族贵族对所建王朝命运担忧不已,忧患意识油然而生。《诗经》中有"战战兢兢,如临深渊,如履薄冰"③ 之语,《易传》载"是故君子安而不忘危,存而不忘亡,治而不忘乱"④,都提出了明确的忧患意识。忧患意识到秦汉已经深深扎根于民众特别是知识分子心中。贾谊心系国家,在西汉经济迅速发展、政权日益巩固的形势下,数次上疏指陈政事,认为时势"可为痛哭者一,可为流涕者二,可为长太息者六"⑤。司马迁编撰《史记》,提出"究天人之际,通古今之变",要探讨社会发展规律,寻找"治世之道"。董仲舒以为现实政治服务为己任,以天时阴阳之序的政治哲学论证专制主义中央集权制度的合法性,维护社会政治的持久稳定。鲍宣针对西汉后期权臣跋扈、奸佞当政、民不聊生的社会政治指出,"凡民有七亡""又有七死"。⑥ 东汉民众以天下为己任的庄严责任感和使命感更为凸显。陈蕃十五岁即有"清世志",并发出"大丈夫处世,当扫除天下,安事

---

① 《后汉书》卷3《章帝纪》,第139页。
② 《汉书》卷64上《主父偃传》,第2798页。
③ (唐)孔颖达:《毛诗正义》卷12,(清)阮元校刻:《十三经注疏》,第964页。
④ (唐)孔颖达:《周易正义》卷8,(清)阮元校刻:《十三经注疏》,第183页。
⑤ 《汉书》卷48《贾谊传》,第2230页。
⑥ 《汉书》卷72《鲍宣传》,第3088页。

一室乎"①的豪言壮语。忧患意识激发了民众参与政治社会的热情,东汉中后期为对抗宦官浊流,有着广泛参与度的"清议"活动影响深远。

最后,秦汉一系列制度保障了民众政治参与的实现。秦汉为了保障政治参与渠道的畅通和政治参与主体权利的实现,真正发挥政治参与的作用,历代帝王都非常重视政治参与在政治管理中的作用,屡次下诏求言求士。为此,政府还建立和健全了政治参与的法律制度,如文书传递制度、政治决策制度、文官管理制度、监察司法制度、审计制度等,引导和激励人们积极参与政治,形成了良好的政治参与社会保障机制。

东汉后期,外戚、宦官交替执政,官府法禁愈来愈缺乏约束力。朝廷卖官鬻爵,社会上请托盛行,正常的仕进途径被堵塞。仕途险恶,正直忠正之臣屡遭陷害杀戮。面对这一局面,大多数士人挺身而出,力挽狂澜。然而,此时治国平天下已经不再是人们唯一的人生选择,部分士人产生了退守的人生价值取向,"自后帝德稍衰,邪嬖当朝,处子耿介,羞与卿相等列,至乃抗愤而不顾,多失其中行焉"②。延笃为名儒,前越巂太守李文德欲请公卿引进之,延笃与书制止文德曰:"夫道之将废,所谓命也。流闻乃欲相为求还东观,来命虽笃,所未敢当。"③徐穉写信给郭宗林:"大树将颠,非一绳所维,何为栖栖不遑宁处?"④隐逸成为社会认可的生命安顿方式。李固希望黄琼能积极仕进、匡世济民,书牍用语委婉,运用了激将法。

二、世俗化的情感追求

书牍中的问候语以及祝愿语,均是致书人送给受书人美好祝愿的话语,反映了当时人们内心渴望和期盼的美好生活。秦汉书牍中问候兼祝愿语"毋恙""善毋恙",是无忧、无病之意;最后祝愿语 "幸酒食""加餐饭""强饭""近衣进御酒食",是希望对方多多吃饭喝酒、及时行乐之意。对身体健康无

---

① 《后汉书》卷 66《陈蕃传》,第 2159 页。
② 《后汉书》卷 83《逸民传》,第 2757 页。
③ 《后汉书》卷 64《延笃传》,第 2106 页。
④ 《后汉书》卷 53《徐穉传》,第 1747 页。

忧以及对现实生活中美食美酒的及时享受反映出秦汉民众对世俗美好生活的向往和及时享受的追求。

《说文解字》解释善："吉也，与义美同意。"①善与吉、祥相通，是致书人向受书人表达美好祝愿的用语。应劭指出，"恙"本指咬人的虫子："《易传》：'上古之世，草居露宿。'多被此毒。恙，噬人虫也，善人人腹，食人心，人每患苦之，故俗相劳问者云无恙，非为病也。"②在汉代，其意义引申为："恙，忧也。古相问曰不恙，曰无恙，皆谓无忧也。"③"无恙"即"不忧虑、不担心"，往往是和身体的健康问题相联系的，指人身体健康，没有受到伤害。如"公子高欲奔，恐收族，乃上书曰：'先帝无恙时，臣入则赐食，出则乘舆'"④；"高祖后宫唯独无宠疏远者得无恙"⑤；"建老白首，万石君尚无恙"⑥。东汉时期，"恙"解释为疾病，无恙是无病的意思："恙，病也。凡人相见，及通书问，皆曰无恙。"⑦之后，恙的引申义"病"则成为通用的释义，本义反而渐渐被人遗忘。

"加餐饭"是书牍祝福语中的常用词语。乐府民歌《饮马长城窟行》有"上有加餐食，下有长相忆"⑧之语，努力加餐饭是祝愿对方好好饮食、保重身体的关切，也是希望对方及时享受生活的关爱。《古诗十九首》中《行行重行行》也有相似的表述："思君令人老，岁月忽已晚。弃捐勿复道，努力加餐饭。"⑨可见"加餐饭"是民众日常生活美好的追求之一。

身体无忧，努力享受美食美酒，秦汉民众追求现世安稳是世俗化的鲜明表现。司马迁公开赞同经济基础对文明发展的推动作用："故曰：'仓廪实而知礼节，衣食足而知荣辱。'礼生于有而废于无。故君子富，好行其德；小人富，以适其力。"⑩王符将君子的形象定位为："岂好贫而弗之忧邪？盖志有所专，昭其重也。是故君子之求丰厚也，非为嘉馔、美服、淫乐、声色也，乃

---

① （清）段玉裁注：《说文解字注》卷5，第102页。
② （汉）应劭撰，王利器校注：《风俗通义校注》佚文，第601~602页。
③ （清）段玉裁注：《说文解字注》卷5，第102页。
④ 《史记》卷87《李斯列传》，第2553页。
⑤ 《史记》卷49《外戚世家》，第1969页。
⑥ 《史记》卷103《万石张叔列传》，第2765页。
⑦ （汉）应劭撰，王利器校注：《风俗通义校注》佚文，第601页。
⑧ （南朝梁）萧统编，海荣、秦克标校：《文选》卷27，第208页。
⑨ （梁）萧统编，海荣、秦克标校：《文选》卷29，第222页。
⑩ 《史记》卷129《货殖列传》，第3255页。

将以底其道,而迈其德也。"①名士杨秉以"我有三不惑:酒,色,财也"②为自豪。这些从另一方面说明,世俗生活的美酒、佳肴是一般民众的追求目标。

秦汉社会经济的发展,为民众世俗化追求奠定了物质基础。汉初经过六七十年的经济发展,到武帝即位初年社会经济非常发达:

> 汉兴七十余年之间,国家无事,非遇水旱之灾,民则人给家足,都鄙廪庾皆满,而府库余货财。京师之钱累巨万,贯朽而不可校。太仓之粟陈陈相因,充溢露积于外,至腐败不可食。众庶街巷有马,阡陌之间成群,而乘字牝者摈而不得聚会。③

《史记·货殖列传》中列出的一系列重要城市中心,依托便利的水路和陆路交通,商业繁荣,经济发达,富商大贾周流期间。农民也被卷入商业的浪潮中,与市场结合加快了农民财富的产生。日益雄厚的经济、安定的生活使得美味佳肴、华丽服饰、琼浆玉液这些世俗的享乐不再是空中楼阁。《盐铁论·散不足》载,人们在饮食方面极尽口舌之欲:"耽湎沈酒铺百川。鲜羔䴥,几胎肩,皮黄口。春鹅秋雏,冬葵温韭";在服饰方面极尽华丽之好,富人穿绫罗绸缎,一般民众也能穿精美丝织品:"今富者缛绣罗纨,中者素绨冰锦。常民而被后妃之服,亵人而居婚姻之饰。"④

功利主义的价值取向,使社会成员沉湎于世俗生活。春秋战国生产力的发展,使得人们挣脱了"出入相友,守望相助,疾病相救"⑤的血缘组织,走向更为广阔的世界。争霸战争冲击了宗法制度下严格的尊尊亲亲的等级制度及观念。建立在奴隶制经济基础之上的行为规范、价值准则的礼乐制度及"信""义""孝"等伦理道德已是明日黄花。《史记·六国年表》载:"是后陪臣执政,大夫世禄,六卿擅晋权,征伐会盟,威重于诸侯。及田常杀简公而相齐国,诸侯晏然弗讨,海内争于战功矣。三国终之卒分晋,田和亦灭齐而有之,六国之盛自此始。务在强兵并敌,谋诈用而纵衡短长之说起。矫称蜂出,誓

---

① (汉)王符著,汪继培笺,彭铎校正:《潜夫论笺校正》卷1,第6页。
② 《后汉书》卷54《杨秉传》,第1775页。
③ 《史记》卷30《平准书》,第1420页。
④ 王利器校注:《盐铁论校注》卷6,第388~389页。
⑤ 《汉书》卷24上《食货志》,第1119页。

盟不信，虽置质剖符犹不能约束也。"①在兼并战争的压力下，各国统治者都不愿把精力投到劳而少功的文化秩序、价值规范建设上，而是投到如何富国强兵上。孟子见梁惠王，惠王见面第一句话就是："叟，不远千里而来，亦将有以利吾国乎？"②秦统一全国后，将重功利、轻伦理的法家思想作为统治思想。"以法为教，以吏为师"的政策不屑于对民众进行历史文化等精神文明教化。法家思想指导下的军功爵制、鼓励告奸的法制精神及焚书坑儒等进一步摧毁了关东六国社会基层的宗法秩序及观念。

西汉初期，开国君臣多是少习文化的秦朝中下层吏民，少有政治理想和道德原则。汉初在黄老思想指导下以发展经济为主，几乎没有在重建文化秩序、价值规范方面有任何的努力。秦朝的风俗状况继续延续："曩之为秦者，今转而为汉矣。然其遗风余俗，犹尚未改。今世以侈靡相竞，而上亡制度，弃礼谊，捐廉耻，日甚，可谓月异而岁不同矣。逐利不耳，虑非顾行也，今其甚者杀父兄矣。"③社会习俗鼓励人们争名逐利的行为，赞赏致富取贵的能力。只要能获得地位名利，无论通过何种途径都会被承认，相反则会被耻笑："今世贵空爵而贱良，俗靡而尊奸；富民不为奸而贫为里侮也，廉吏释官而归为邑笑；居官敢行奸而富为贤吏，家处者犯法为利为材士。"④权势、财富是衡量品行、能力的标准，是人们为之奋斗的目标。精神的超越、政治理想等精神追求难觅踪迹，"故黥劓而髡钳者犹复攘臂为政于世，行虽犬彘，家富势足，目指气使，是为贤耳。故谓居官而置富者为雄桀，处奸而得利者为壮士，兄劝其弟，父勉其子"⑤。功利主义价值取向使人们丧失对情感、审美和理想道德等精神生活的追求，活着不为别的，是为获得自身的享乐、现实的利益。社会心理学的基本原则当中，态度的核心是价值观，行为可以看作是态度的外在表现。功利主义的价值观影响外在行为方式表现为人们尽情释放对财富和权势追求的欲望，不择手段地享受进而追逐财富。或努力耕种，入粟拜爵；或投身军旅，建功立业；或逢迎拍马，依附权贵；或经营商业，从中获利；或游媚后宫，"一人得道，鸡犬升天"。

---

① 《史记》卷15《六国年表》，第685页。
② （宋）孙奭：《孟子注疏》卷1，（清）阮元校刻：《十三经注疏》，第5795页。
③ 《汉书》卷48《贾谊传》，第2244页。
④ （汉）贾谊撰、阎振益、钟夏校注：《新书校注》卷3，北京：中华书局，2000年，第97页。
⑤ 《汉书》卷72《贡禹传》，第3077页。

三、变化的信仰世界

睡虎地四号秦墓出土的黑夫和惊写的家书中多处使用"毋恙"一词,从行文语气来看,它有既表达询问又表达祝愿之意。西汉初到东汉中期的书牍中,"毋恙""善毋恙"则被固定地放在正文起首位置作为祝愿词使用。"善毋恙""毋恙"被固定放置在书牍正文起首,表明不是一般的问候祝愿之辞,而是秦汉广泛应用的吉语,是秦汉无处不在的巫风的体现。

秦汉鬼神迷信盛行,人们认为神祇无所不在,现实社会还存在数量众多的鬼怪,它们能左右人们的祸福命运。人们为了祈福禳灾,就使用各种手段实现目标:"人们关心的不仅仅是关于天道的哲理,关于世道的治理,关于人道的伦理,而且还关心种种实用的知识与技术。例如他们对于显示生活中困厄的解除和生命的延续有极大的关怀与热情,他们不仅用种种技术如医药来寻求,用种种占卜来预测,还运用象征仪式来祈禳,使生活幸福与生命绵延。"[①]巫术是流行于汉代用于解除困厄的主要手段。学者指出汉代从事巫术的人遍布社会各个阶层,活动在社会的各个角落:"汉代巫者活动的'社会空间',几乎是遍及于所有的社会阶层,而其'地理范围',若结合汉代巫俗之地和祭祀所的分布情形来看,也可以说是遍布于各个角落。《盐铁论》中,贤良文学所说的'街巷有巫,闾里有祝',似乎是相当真实的写照。"[②]巫术活动活跃于人们的生活、生产实践活动中。秦汉巫术的主要活动内容是祈福、禁忌,追求幸福生活和摆脱现实苦难是人们最大的渴望。生活在古代的民众,在无法改变现实和命运的条件下,为追求心理的安慰和满足,就会通过各种非现实的方式寻求寄托。

用来辟邪祈福的吉语属于语言巫术,是人们希望利用自身语言的力量,达成美好愿望的实现:"语言巫术是企图凭借语言、文字或图画而施行的巫术,以达到臆想的目的。语言巫术和语言禁忌的不同在于语言巫术是积极的,希

---

① 葛兆光:《七世纪前中国的知识、思想与信仰世界》,上海:复旦大学出版社,1998年,第324~325页。
② 林富士:《汉代的巫者》,台北:稻乡出版社,1999年,第180页。

望能得到预想的效果。"①"毋恙"之说的起源就是吉语运用,"上古之时,草居露宿。恙,啮虫也,善食人心,俗悉患之,故相劳云'无恙'"②,这一说法本意有巫术语言之意,通过语言的作用,使自己的身体免受伤害。吉语使用在秦汉社会比较常见。秦汉人名中多有与"毋恙"相似的如"毋伤""毋忧""毋害""未央""去疾""疾去""去病"等名字。例如,"'未央'是汉简最为多见的人名之一。上至于'侯',下至于'奴',都有以此为名号者,说明'未央'当时曾经作为习用吉语在极广泛的社会层面风行"③。出土的秦汉铜镜背面,大多都有使用吉语的铭文,葛兆光总结指出:这些铭文固然是一些平常的吉利话,但也透露了当时人的普遍想法。第一类内容是对人的寿命永恒的企盼,人们期望在世间延年益寿,羡慕仙人的永恒自由,如"千秋万岁""与天相寿,与地相长""延年益寿辟不祥"。第二类内容是对世间幸福的羡慕。首先是富与贵,如"大乐富贵""常贵富,乐未央""大乐贵富得所好,千秋万岁宜酒食",其次是家庭和睦团圆,如"君行卒,予心悲,久不见,侍前稀"。第三类内容是子孙的绵延,如"家当大富乐未央,子孙具备居中央""令吉祥,宜孙子"。④"善毋恙"与铜镜铭文和瓦当文字中的用意相同,是人们希望通过语言的力量,获得美好的生活。

东汉中期至魏晋以后这一词语的使用频率逐渐减弱,趋于消失,书牍上款后直接就是正文,没有"毋恙""善毋恙",东牌楼书牍、尼雅楼兰书牍则基本没有出现。书牍中的吉语祝愿词与其他形式的吉语发展轨迹相同,"东汉至曹魏二三百年间,社会上下普遍通行单字命名。晋以后,虽然再次出现'二名',可是当时'未央'语意渐次模糊或有所转换,已不再作为社会习用吉语"⑤。书牍吉语祝愿词的使用和变化反映了汉代民众巫风信仰逐渐萎缩的现象,主要原因是道教的发展以及西方佛教的传入挤压了巫术的生存空间,吉语也逐渐失去了存在土壤。东汉时期,首先是中国本土产生的道教发展起来。道教是民间流行神仙方术、巫术与黄老学说的部分内容相结合,又杂糅

---

① 游汝杰:《中国文化语言学引论》,北京:高等教育出版社,1993年,第160页。
② 《史记》卷86《刺客列传》,第2525页。
③ 王子今:《汉简人名"未央"琐议》,《秦汉社会史论考》,北京:商务印书馆,2006年,第372页。
④ 葛兆光:《七世纪前中国的知识、思想与信仰世界》,第331~332页。
⑤ 王子今:《汉简人名"未央"琐议》,《秦汉社会史论考》,第376页。

阴阳五行及谶纬思想，经过理论化、体系化的改造逐渐形成的。道教在东汉后期主要有太平道和五斗米道两大教派，势力发展十分迅速。巨鹿人张角在冀州传太平道，十多年间信徒发展至数十万人，遍布徐、青、幽、冀、扬、荆、兖、豫八州之地，发动了东汉末年规模最大的农民起义。汉顺帝时，沛国人张陵创立五斗米道并在蜀地传道，东汉末年在汉中建立了张鲁政权，存在了二十多年。发源于印度的佛教大概于两汉之际传入中原，东汉明帝时，经官方途径，正式传入中原。"世传明帝梦见金人，长大，顶有光明，以问群臣。或曰：'西方有神，名曰佛，其形长丈六尺而黄金色。'帝于是遣使天竺问佛道法，遂于中国图画形像焉。楚王英始信其术，中国因此颇有奉其道者。后桓帝好神，数祀浮图、老子，百姓稍有奉者，后遂转盛。"[1]由此可知，东汉初期佛教信仰已经存在于上层贵族中间："（楚王英）晚节更喜黄老学，为浮屠斋戒祭祀。"[2]桓帝时期，因为皇帝喜好，官僚贵族纷纷仿效，影响遍及社会下层民众，之后信仰之风逐渐浓郁起来。著名的僧人安世高在桓帝时期来到中国，翻译了《十二门》《安般守意》等佛经，还有竺佛朔、康巨、安玄等人，皆翻译佛经。灵帝时，有丹阳人笮融，在徐州、广陵间"大起浮屠寺。上累金盘，下为重楼，又堂阁周回，可容三千许人，作黄金涂像，衣以锦彩。每浴佛，辄多设饮饭，布席于路，其有就食及观者且万余人"[3]。宗教信仰的发展逐渐挤压了巫术的生存空间。人类学家弗雷泽认为巫术与宗教的区别在于：

> 宗教是对被认为能够引导和控制自然与人生的超人力量的迎合或抚慰。由此可见，宗教包含理论和实践两部分，也即对超人力量的信仰，以及为表示对其敬畏而采取的种种行动。……人们可以通过取悦控制自然的神，使他按照我们的意愿改变事物发展的趋势。这就意味着人们能够在某种程度上改变自然，而巫术和科学则认为自然的运转是恒定的、不可改变的。……在巫术世界中，任何具有人格的对象都被强大的非人力量统治着。但只要你会利用仪式和咒语操控这种力量，就能使其发挥

---

[1] 《后汉书》卷88《西域传》，第2922页。
[2] 《后汉书》卷42《光武十王传》，第1428页。
[3] 《后汉书》卷73《陶谦传》，第2368页。

本来的作用。①

对人格化超自然力量的崇拜使得人们不再相信自身的力量可以控制神灵，只有匍匐于神灵的脚下祈求神灵赐福于自己。随着宗教日益向更为广泛的社会层面传播，巫术生存的空间逐渐萎缩，与之相应的就是一般民众使用的吉语日益退出历史舞台。

四、士人退守的人生价值取向

汉代士人具有高度的社会责任感，干禄求进在人生实践中占据核心地位。但是，两汉之际，王莽专政篡权，大批坚守名节、不与为伍的官僚士大夫选择罢官归隐，"汉室中微，王莽篡位，士之蕴藉义愤甚矣。是时裂冠毁冕，相携持而去之者，盖不可胜数"②。东汉前期，中央政府和地方政府非常重视对隐逸名士的聘请，很多士人走出岩穴为国效力。东汉后期，外戚、宦官交替执政，官府法禁愈来愈缺乏约束力。朝廷卖官鬻爵，社会上请托盛行，正常的仕进途径被堵塞。面对这样的局面，太学生和反对宦官的官僚联合起来，以纲常卫道士自居，以清流自许，视宦官集团为浊流，一方面利用职权直接惩办贪赃枉法的宦官党羽，另一方面利用清议的影响力相互标榜，激扬名声，品核公卿，裁量国政。宦官集团也展开疯狂反击，桓帝延熹九年（166 年），李膺、杜密、陈蕃等 200 余人被朝廷定为相互结交的部党，被捕下狱。之后宦官集团还兴起株连更广的党锢之祸。大量正直的官僚被迫害、禁锢，不得为官。政治的黑暗、仕途的险恶导致东汉后期部分士人产生了退守的人生价值取向。治国、平天下已经不再是人们唯一的人生选择，一部分人对仕途的追求变得越来越消极。延笃为名儒，前越隽太守李文德欲请公卿引进之，延笃与书制止文德曰：

夫道之将废，所谓命也。流闻乃欲相为求还东观，来命虽笃，所未

---

① 〔英〕J. G. 弗雷泽：《金枝——巫术与宗教之研究》，耿丽编译，重庆：重庆出版社，2017 年，第 20 页。
② 《后汉书》卷 83《逸民传》，第 2756 页。

敢当。①

乐恢《答颍川杜安书》曰：

> 干主求禄，非平生操也。②

徐穉《与郭宗林书》曰

> 大树将颠，非一绳所维，何为栖栖不遑宁处？③

矫慎为当世名士，隐逸山谷，汝南吴苍与之书以观其志：

> 仲彦足下：勤处隐约，虽乘云行泥，栖宿不同，每有西风，何尝不叹！盖闻黄老之言，乘虚入冥，藏身远遁，亦有理国养人，施于为政。至如登山绝迹，神不著其证，人不睹其验。吾欲先生从其可者，于意何如？昔伊尹不怀道以待尧舜之君。方今明明，四海开辟，巢许无为箕山，夷齐悔入首阳。足下审能骑龙弄凤，翔嬉云间者，亦非狐兔燕雀所敢谋也。④

陈蕃被免去太尉后朝野人士都属意李膺。荀爽担心李膺名高致祸，希望他能屈节以保全自己，写信曰：

> 久废过庭，不闻善诱，陟岵瞻望，惟日为岁。知以直道不容于时，悦山乐水，家于阳城。道近路夷，当即聘问，无状婴疾，关于所仰。顷闻上帝震怒，贬黜鼎臣，人鬼同谋，以为天子当贞观二五，利见大人，不谓夷之初旦，明而未融，虹蜺扬辉，弃和取同。方今天地气闭，大人休否，智者见险，投以远害。虽匮人望，内合私愿。想甚欣然，不为恨

---

① 《后汉书》卷 64《延笃传》，第 2106 页。
② （清）严可均辑，许振生审订：《全后汉文》卷 31，第 319 页。
③ 《后汉书》卷 53《徐穉传》，第 1747 页。
④ 《后汉书》卷 83《逸民传》，第 2771～2772 页。

也。愿怡神无事,偃息衡门,任其飞沈,与时抑扬。①

在黑暗的政治环境里,一部分士人远离政治,或隐居山野,或居家不仕,悠游于黄老思想之中,这样的人生选择也愈来愈被社会所接受。

---

① 《后汉书》卷67《党锢列传》,第2195~2196页。

第七章　书牍与秦汉民众社会交往

书牍是人与人之间社会交往的工具，通过传递信息、情感实现人际的沟通与交流，建立和谐的人际关系。书牍这一工具的文本本身、传递手段以及形制载体等，处处体现出当时人们社会交往的方式以及人际关系的特点等内容，是我们管窥秦汉民众社会交往的一把钥匙。

一、遵循礼仪交往原则

前文论及礼乐文化在春秋战国的社会生活中从来没有消失，而是以传承创新的形式适应了转型社会的需求，向更为广阔的社会空间扩展，成为规范社会各阶层交往的准则。书牍作为秦汉民众社会交往的方式之一，其形制和内容都体现出民众社会交往中遵循一定的礼仪原则的特征。

（一）秦汉书牍格式及格式用语体现出"礼敬"原则

1. 书牍上款中对受书人的称谓另提行顶格书写

书牍上款中对受书人的称谓另提行顶格书写这一现象为书牍平阙之式中的"平出"，指行文遇到特定的人、事、物、称谓等字词时另起一行顶格书写。"阙字"指行文中遇到特定的字要在此字上方空两字格或一字格。秦汉简牍书牍中"阙字"现象未见，"平出"则较为普遍。笔者统计的居延、敦煌汉简23封保存完整的书牍中，18封上款中致书人对受书人称谓提行顶格书写，一封因阙字不详，一封为觚上习作，另外三封没有平出。长沙东牌楼简牍书牍中，对受书人称谓一律提行顶格书写。《说文解字》曰："提，挈也。"段玉裁注云："挈者，县持也。携则相并，提则有高下。"①提是一种悬持动作，这种动作可以使被悬持的物品分出高低。秦汉简牍皆是竖行写成，顶格是将特定称谓提到另行顶格书写，是表示尊敬的形式。平阙之式虽为后世公文私信中重要的特征，但三代社会还未见。

2. 书牍称谓遵循"卑己尊人"的原则

《礼记·曲礼》："夫礼者，自卑而尊人。虽负贩者，必有尊也，而况富贵乎？"②称谓是人际交流中的重要组成部分，人与人在开始交流时，必须选择称谓语言打开局面，实现交流。一般在书牍上款中自称姓名，有些为加重自谦语气，还要加"牛马走""走昔""贱子"等用词。对称使用尊称，一般是对方的字加上提称。简牍中许多书牍正文前都使用启事语"请"，"古人之重请。何重乎请？人之所以为人者，让也。请道去让也，则是舍其所以为人也，是以重之焉"③。中国古代人们有名，还有字。字始尊称，《礼记·檀弓》曰："幼名冠字。"孔颖达疏："始生三月而加名，故云幼名也。冠字者人年二十，有为人父之道，朋友等类不可复呼其名，故冠而加字。"④《说文解字》释"名"曰："名，自命也，从口夕。夕者冥也，冥不相见，故以口自名。"⑤名用以自称，以示自谦。二十岁的人已经为人父或可以为人父，有了一定的社会地位，别人要尊敬他。所以在交际场合，人名是不能随便称呼的，除了自称以及长辈和上级可以称呼别人的名外，其他人都要称对方的字。提称表示不敢直接称呼对方，而以对方身边物或人代替。如对皇帝称"陛下"，其意为："陛下者，陛，阶也，所由升堂也。天子必有近臣执兵陈于陛侧，以戒不虞。谓之陛下者，群臣与天子言，不敢指斥天子，故呼在陛下者而告之，因卑达尊之意也。上书亦如之。及群臣士庶相与言：曰殿下、阁下、执事之属，皆此类也。"⑥表4-2中，48例简牍中上款和部分封检中，有40例称谓中都是在尊称

---

① （清）段玉裁撰：《说文解字注》卷23，第604页。
② （唐）孔颖达：《礼记正义》卷1，（清）阮元校刻：《十三经注疏》，第2665页。
③ （唐）杨士勋：《春秋穀梁传注疏》卷19，（清）阮元校刻：《十三经注疏》，第5307页。
④ （唐）孔颖达：《礼记正义》卷7，（清）阮元校刻：《十三经注疏》，第2785页。
⑤ （清）段玉裁撰：《说文解字注》卷3，第57页。
⑥ （汉）蔡邕：《独断》卷上，第2页。

对方的字之外再加上提称，有足下、坐前、侍前、门下等。即使是对女性也使用提称，如"宣伏地再拜请幼孙少妇足下"。称呼身份地位低于自己的人，也遵循此原则，如尹湾汉简中，名谒 YM6D14、YM6D16、YM6D17 分别是东海太守、琅邪太守、楚相写给东海功曹师饶的名谒，尊称为"君兄马足下""君兄足下"。书牍称谓中虽然有格式化的特点，与社会现实生活中口头称谓有不一致的地方，但是，书牍是人们在正式场合下交往的方式，称谓依然是社会意识的反映。遵循"卑己尊人"原则的称谓在书牍中的广泛使用，表明在社会生活中，对己来说，其他社会成员无论与自己是何种关系、出身如何，都应该受到尊敬。

3. 人们的交往遵循"礼尚往来"的原则

《礼记·乐记》曰："乐也者，施也；礼也者，报也。"①与乐的出而不返不同，礼要求有来有往。《礼记·曲礼》："太上贵德，其次务施报。礼尚往来。往而不来，非礼也；来而不往，亦非礼也。"②"施报"和"往来"是先秦礼仪的主要特征之一，"报"是"报恩""报功""报德"之意。"郊之祭也，大报本反始也。"③郊祭就是报答天地长养万物，并祈求来年的丰饶。"使之必报"与"礼尚往来"等思想渗透到先秦各种礼仪之中。从书牍中我们可以看到，秦汉民众日常的交往也遵循"礼尚往来"的原则。一是对于别人寄送给自己的书牍，往往都会及时回复，所以很多书牍都是报书。司马迁在《报任安书》中解释说，"书辞宜答，会东从上来，又迫贱事，相见日浅，卒卒无须臾之间得竭指意"④，专门说明了书牍应该及早回复，自己之所以迟迟没有答复，是有一定原因的。另外，如果别人给予自己馈赠，或还赠以物，或致以谢意。马援赠给杜林马一匹，之后杜林让儿子还赠马援钱五万。张敞《答朱登遗蟹酱书》、葛龚《与梁相张府君笺》、皇甫规《与刘司空笺》等书牍则是接受物赠后向对方表示谢意的书牍。

---

① （唐）孔颖达：《礼记正义》卷 38，（清）阮元校刻：《十三经注疏》，第 3332 页。
② （唐）孔颖达：《礼记正义》卷 1，（清）阮元校刻：《十三经注疏》，第 2664～2665 页。
③ （唐）孔颖达：《礼记正义》卷 26，（清）阮元校刻：《十三经注疏》，第 3149 页。
④ 《汉书》卷 62《司马迁传》，第 2726 页。

（二）秦汉书牍交往遵循礼仪原则是秦汉政治制度和历史文化共同作用的结果

1. 官文书的写作程式对民间社交文书有重要影响

秦朝以前，文书还没有一定的礼仪规范程式要求："战国以前，君臣同书，秦汉立仪，始有表奏。"①秦汉群臣上书程式为承袭秦制而来："汉承秦法，群臣上书皆言昧死言。"②汪桂海利用传世文献和出土资料对汉代官文书进行系统研究后指出："汉代的官府往来文书也形成了较为固定的文字结构程式，无论上行文还是下行文，大多数包括有具文日期，发文机关或发文官员的职衔、名字，收文机关或官员的职衔、名字、正文的内容，结束语以及文书吏的签署等几个部分，例外者比较少。"③书牍与官文书重合的书写要素在行文顺序上是一致的。上行官文书中通过一定格式和用语以示敬的现象非常普遍。臣民上书皇帝称自己"粪土臣"或"草莽臣"，称对方"皇帝陛下"，还使用隆重的具礼"稽首"或"顿首"。官文书在书写格式上还出现抬头制度，也就是凡是遇到有"皇帝"或者其他特定的尊贵称谓，即使书写还不满一行，必须要另起一行或者空格再书写。"官文书抬头制度在秦时尚未普遍严格地推行。至汉代，则很少见到行文时遇'皇帝'一类的字眼而不抬头另行书写者，而且汉代官文书中遇之即需要抬头的字眼也远不止'皇帝'一语，举凡与皇帝有关的语辞几乎皆须另行书写。"④行政运作中书写规范、体现上下尊卑的官文书书写形式，必然以其官方文化的优势地位影响着大众文化。

2. 传承历史文化礼俗也是重要原因

西周初期，周公在宗法制和分封制的基础上制礼作乐，礼缘人情而作，以礼仪经纬人道，规矩无所不贯。春秋战国的社会变革摧毁了礼乐文化赖以存在的政治经济土壤，严密的礼乐文化体系崩溃，但是其形成的文化传统部分地保留下来，

---

① （南朝梁）刘勰著，黄叔琳注，李详补注，杨明照校注拾遗：《增订文心雕龙校注》卷5，第349页。
② （汉）蔡邕：《独断》卷上，第4页。
③ 汪桂海：《汉代官文书制度》，第67页。
④ 汪桂海：《汉代官文书制度》，第106页。

甚至影响到秦汉帝国制度建设,"至秦有天下,悉内六国礼仪,采择其善,虽不合圣制,其尊君抑臣,朝廷济济,依古以来。至于高祖,光有四海,叔孙通颇有所增益减损,大抵皆袭秦故"①。社会生活中"礼敬""礼让""尊老"等原则在春秋战国社会生活中依然广泛存在,如用以示敬的提称——"足下"在战国广泛使用:用于朋友、身份地位相近者之间,用于身份地位不等者之间,还用于臣子对诸侯国君主的称呼。在社会人际交接中对历史文化礼俗的传承也会体现在书牍的写作中。同时,我们还看到这一时期礼仪交往规范突破了身份的限制,适用到更为广泛的社会阶层。这是春秋战国以来生产力发展及文化进步的结果。

二、钱物在人际交往中的纽带作用

原始社会,生产有剩余之时,以物为中介的人际交往就已存在,这是社会交换的产物,并在原始风俗礼俗化的过程中被保存在"贽见礼"中。"(贽见礼)起源于氏族社会末期的交际礼节。其所以会很特殊的手执玉、帛、野兽为'贽',就是起源于原始人手执石利器的习惯,和互相赠送猎得禽兽的风俗。"②由于社会分工的不同,男子一般用石斧石刀等进行狩猎活动,而女子则从事采集瓜果的工作,他们相见馈赠就用手中的劳动工具或猎物、果实作礼物。后来随着社会的进步,男子手执的石器演变为后世贵族所用的玉礼器,这种早期的原始风俗逐渐渗透到人们的日常生活中,后世统治者将其加以改造利用上升为贽见礼。《礼记·表记》云:"无辞不相接也,无礼不相见也。"郑玄注云:"辞所以通情也,礼谓挚也。"③"挚"又作"贽"。凡是需要彼此会见的,也都有相应的"贽见礼"。

(一)钱物在社会交往中起到重要的纽带作用

(1)钱物是礼仪交往活动的重要载体。祝贺、吊问、送行、问谒的书牍

---

① 《史记》卷23《礼书》,第1159页。
② 杨宽:《古史新探》,北京:中华书局,1965年,第351页。
③ (唐)孔颖达:《礼记正义》卷54,(清)阮元校刻:《十三经注疏》,第3557页。

中，往往都伴有钱物的出现。汉初到沛县令好友吕公家祝贺的人都要送上贺礼若干钱；公孙弘被荐举为贤良要到京城，邹长倩赠送礼物几件，其他送行者也应该有轻重不同的表示；各种重要节日里，民众相互赠送礼物也是正常现象，如边境的戍卒彭因生活拮据，平日没有礼物送给子侯，岁初节日送书牍礼物。日常生活中，赠送物品、金钱的现象也比较普遍：赵飞燕被封为皇后，其女弟合德在昭阳殿遗飞燕书并赠物；崔瑗家贫，向朋友葛元甫表达自己的一份情谊，送上用纸张写成的《许子》十卷。

（2）体现出民众通过钱物进行互助性交往的特点。乡里亲属朋友之间自觉的互助是基层社会生活的重要组成部分。"助生送死"时给予钱物的资助已成为社会习俗，"邹、鲁之臣，生则不得事养，死则不得赙襚"，《正义》注曰："衣服曰襚，货财曰赙，皆助生送死之礼。"①到了秦汉，钱物的馈赠之风更加盛行。出门远行，亲友要予以资助，"高祖以吏繇咸阳，吏皆送奉钱三，何独以五"②。公孙弘到长安，邹长倩赠物。丧葬时要有赙赠，鲁恭父亲去世的时候，"时恭年十二，弟丕七岁，昼夜号踊不绝声，郡中赙赠无所受"③。人们除了这些在人生重要时刻相互馈赠之外，日常性礼物馈赠也是经常性的现象。例如，1993 年，考古工作者在江苏省东海县尹湾村发掘出了汉代墓葬群，"时代可定在西汉中晚期到王莽时期"。其中，M6 男墓主人"在东海郡分别做过卒史、五官掾、功曹史的师饶，字君兄"。④M6 号墓中出土简牍近 4 万字，简 133 枚，木牍 23 方，M2 出土遣策 1 件，大致包括九类文书，其中一类为赙赠名簿的私人文书。⑤YM6D7、YM6D8 上的《赠钱名籍》用草书写在木牍上，记载了四次馈赠事件中赠钱者钱数和姓名，赠钱的金额数目因人而异，从一百到一千不等，较多为二百或五百。人数相对可观：七号木牍正面七栏，每栏分别记有十至十一个赠钱人，共 74 人。反面四栏，前两栏共有 11 人赠钱，还有 16 位仅有姓名没有钱数。八号木牍正面共八栏 66 人，反面共四栏 32 人。⑥不仅在人生的婚丧嫁

---

① 《史记》卷 83《鲁仲连邹阳列传》，第 2463～2464 页。
② 《史记》卷 53《萧相国世家》，第 2013 页。
③ 《后汉书》卷 25《鲁恭传》，第 873 页。
④ 连云港市博物馆：《江苏东海县尹湾汉墓群发掘简报》，《文物》1996 年第 8 期，第 24 页。
⑤ 连云港市博物馆：《江苏东海县尹湾汉墓群发掘简报》，《文物》1996 年第 8 期，第 23 页。
⑥ 连云港市博物馆、东海县博物馆、中国社会科学院简帛研究中心，等编：《尹湾汉墓简牍》，第 119～122 页。

娶重大问题上民众之间通过金钱的赠予实现经济互助,在日常生活中,关系不错的邻里、朋友遇到困难或者问题,他们之间也会以不同方式实现互助,如上文提到杜林家的马死了,好朋友马援送给他一匹马。

(3)钱物作为民众情谊表达的中介,广泛应用在社交领域。秦汉时期,馈赠的礼物超越了等级性、规定性的特点,蟹酱、鲤鱼、服饰、书籍以及金钱都可以成为礼物。亲朋之间、上级与下级之间、长辈与晚辈之间都可以向对方赠物。馈赠金钱与物品是向对方表情达意,目的是建立良好的社会关系。如班固《与窦宪笺》:"今月中舍以令赐固刀把曰:'此将军少小时所服,今赐。'固伏念大恩,且喜且惭。固于张掖县受赐所服物虎头绣鞶囊一双,又遗身所服袜三具,错镂铁一。"①皇甫规《与刘司空笺》:"明公至德,佐国忧世,虽赠两梁冠及鲐鱼一双,服厚尊贶,荣施其宏。"②钱物主要表达致书人对受书人的关切、友爱、爱恋、庆贺的感情,礼物本身的价值与表达的情谊不需要成正比,小小的礼物就能让受赠者倍感荣光、温暖。金钱的赠予,并不要求有任何回报,仅仅只是表达内心的崇敬、爱慕等情感。循吏刘宠,为会稽太守有德政。当朝廷征迁他为将作大匠离开时,会稽郡下辖的山阴县有五六位皓首白发的老叟,每人送给刘宠百钱,并对他说:"山谷鄙生,未尝识郡朝。它守时吏发求民间,至夜不绝,或狗吠竟夕,民不得安。自明府下车以来,狗不夜吠,民不见吏。年老遭值圣明,今闻当见弃去,故自扶奉送。"③这份馈赠,是发自内心对郡守德政的敬重。

(二)钱物是秦汉民众走出血缘网络,在更广阔的区域建构社会关系的需要

春秋战国以来,铁器牛耕生产工具的改进,促进了农业生产效率的提升,三代集体耕作的公田制逐渐被一家一户的小农私田制代替。从春秋鲁国"初税亩"到战国商鞅变法"废井田,开阡陌",再到秦朝建立后"使黔首自实田",国家通过一系列扶植小农经济的政策,进一步肯定和巩固了这一历史现象。脱离了血缘纽带的小农虽然获得了较多的自由和选择,但是由于人口相对较

---

① (清)严可均辑,许振生审订:《全后汉文》卷25,第245页。
② (清)严可均辑,许振生审订:《全后汉文》卷61,第624页。
③ 《后汉书》卷76《循吏列传》,第2478页。

少，在天灾人祸等不可知的现实面前，其经济力量的脆弱性是显而易见的，金钱的互助是最现实最有效的帮助。同时，钱物与日常生活的联系非常紧密，在日常生活中起着决定性作用。秦汉乡村中，户等往往以大家、中家、小家称之，目前我们知道，中家的标准是十金，也就是十万，十万到百万可谓中家，百万以上为大家。家赀达到一定标准，才可以入仕。汉景帝时诏书曰："人不患其不知，患其为诈也；不患其不勇，患其为暴也；不患其不富，患其亡厌也。其唯廉士，寡欲易足。今訾算十以上乃得宦，廉士算不必众。有市籍不得宦，无訾又不得宦，朕甚愍之。訾算四得宦，亡令廉士久失职，贪夫长利。"①景帝之前，只有家赀达到十万的可以入仕，即使是降低标准，也需要四万。基层民众既要通过租税钱粮向国家贡献，也需要日常义务集聚进行里社中的祭祀娱乐活动。战国以来，随着生产力的发展，民众走出血缘的羁绊，在更广泛的空间建立联系，以地域为单位的基层组织中更多的是不同姓氏的组合，大规模的血缘宗族聚居已经不常见。乡里的基层社会组织，是由不同姓氏组成的。走出血缘羁绊的民众在一定区域范围建构的地缘关系中，钱物成为重要的纽带，通过钱物的让渡，民众希冀获得关照、友情等。"社会交换是甲方自愿地将资源转移给乙方，以换取另一资源。这一交换受自我利益——从他人身上谋取回报的倾向——的指导，其结果或者是希望为自己最大限度地获取扣去代价的回报，或者是将自己的回报与代价和他人的回报与代价联系在一起考虑。"②自发的金钱互助、赠予则显示了民众的自发性和自愿性。

三、民众身份地位的相对齐等

"齐民""编户齐民"的词语经常见于秦汉时期的著作中，如《史记·平准书》载："自天子不能具钧驷，而将相或乘牛车，齐民无藏盖。"《集解》如淳注"齐民无藏盖"曰："齐等无有贵贱，故谓之齐民。若今言'平民'矣。"③《史

---

① 《汉书》卷5《景帝纪》，第152页。
② 〔美〕迈克尔·E. 罗洛夫：《人际传播——社会交换论》，王江龙译，上海：上海译文出版社，1991年，第21页。
③ 《史记》卷30《平准书》，第1417页。

记·司马相如列传》载:"割齐民以附夷狄,弊所恃以事无用。"①《汉书·食货志》载:"此六者,非编户齐民所能家作。"②《后汉书·仲长统传》载:"汉兴以来,相与同为编户齐民。"③《盐铁论·禁耕》载:"国有强御而齐民消。"④政治身份、法律地位的平等是"齐民"这一概念重要的内涵。

(一)民众的"齐民"身份

1. 民众使用尺牍

如上文所述,除了皇帝,所有民众均使用尺牍。尺牍与尺一牍,这样的尊卑之别只是在皇帝与所有民众间存在,皇帝尊、民众卑。而在皇帝以外的所有民众中,虽然存在着社会、经济力量的高下之别,但是无论是职官大小还是贫富悬殊,从用简制度上看不到他们之间有尊卑贵贱的身份之别,从某种意义上讲,这是秦汉"齐民"身份的表现,也是保障"齐民"身份的制度之一。

2. 称谓具礼和尊称组成示敬方式相对统一

秦到东汉中期的书牍中,无论受书人的身份如何,受书人与致书人是何种关系,其具礼与尊称的形式基本相同。此种现象表明,从致书人的角度看,人们的社会等级、身份的差别性较小。尤其是对女子的称谓,也享有与男子同样的待遇,体现出社会身份齐等的特征。从书牍的称谓及内容可以看出,社会赋予女子与男子同等的社会地位和身份。秦嘉写给妻子的书牍、宣《致幼孙书》这些丈夫寄给妻子的书牍中使用"足下"的称谓,"伏地再拜请""叩头幸甚"等具礼方式与秦汉时期所见的书牍的格式语言并没有差别,不仅体现出丈夫对于妻子的尊重关爱,更是整个社会对夫妻关系对等观念在书牍格式及格式语言中的反映。书牍内容中,有对妻子思念的倾诉,有对妻子在家辛勤劳作的感激。如果是他人致书,受书人妻子往往与受书人并称,政《与幼卿书》称"幼卿、君明足下",《建致中公、夫人书》书牍中,建向中公问

---

① 《史记》卷117《司马相如列传》,第3049页。
② 《汉书》卷24下《食货志》,第1183页。
③ 《后汉书》卷49《仲长统传》,第1648页。
④ 王利器校注:《盐铁论校注》卷3,第198页。

候的同时也向夫人问候,提称均为"足下""建伏地请中公、夫人足下",也就是说社会上对家庭中的妻子尊重程度与丈夫是一样的。类似的还有"君夫人足下""进书夫人足下""少公夫人足下",等等。书牍致书人对家庭成员的问候中,妇女和男人的待遇一样,都在问候之列,如惊《与中书》中,惊写给家人的书牍中专门向新婚妻子问候,请她努力赡养家中老人;《建致中公、夫人书》中"幸为建多请长卿、夫人、诸子及子惠诸弟妇、儿子□谢彊(强)饭"①。

(二)民众"齐民"身份是社会身份重组和阶层流动的结果

1.齐民是战国秦汉时期国家建立过程中对人们身份重组的结果

春秋战国的最大变化确实在于社会形态之变。但这种社会形态之变并非"奴隶""封建"之别,亦非"世袭""官僚"之分,而是经历了一场深刻的世俗化运动。所谓"世俗化运动",即是以强力抆平人们原有的身份差别,消除人们之间的身份差别,使人们获得一个统一的标准的平等身份过程,换言之,它是给人们重新拟定身份,编制新的全民性身份的过程。它是按照国家需要,彻底拆散人们原有的人身关系,使之全部纳入国家体制中,由国家来重新编码、命名、定位。它实际上是在重构一种新的社会关系。在这种新的社会关系中,原有私人间的依附关系全部变成一种个人对国家的隶属关系。②

秦汉帝国是新兴地主阶级建立的政权,在国家建立过程中,社会结构、民众身份发生了新的变化。原来按照血缘关系确定尊卑贵贱身份的制度被打破,按专制皇权体制的需求,民众通过户籍制度建设获得户籍,从国家分得耕地,成为国家法律的主要保护对象。户籍制度建立后,所有在国家登记户籍的民众,其政治社会身份一律平等。杜正胜认为:"户口备于版籍,藏之官府,举凡天地之大,几乎没有漏网之鱼。在封建制转化为郡县制的过程中,新政府有了新的社会基础,那就是编户齐民。"③在国家对编户之民进行剥削,

---

① 胡平生、张德芳编撰:《敦煌悬泉汉简释粹》,第185页。
② 雷戈:《秦汉之际的政治思想与皇权主义》,上海:上海古籍出版社,2006年,第307~308页。
③ 杜正胜:《编户齐民——传统政治社会结构之形成》,第34页。

赋予其土地、法律地位的同时，也通过其他政策措施保证编户的齐民身份。例如，户口管理中的重要部分傅籍制度，到了法定年龄男子要向国家承担一定的义务。臧知非指出，傅籍是成年的开始，同时标志着政治身份的改变，在承担服徭役义务的同时，也开始享受与其身份相一致的利益，按等级获得爵位、田宅、实物以及减免刑罚的特权①，在社会政治生活中还拥有平等的上书参政议政、接受教育、进身仕途等一系列的权利。

得到制度保障的编户齐民在秦汉绝不是空泛的概念，体现在社会政治经济生活的方方面面。书牍的用牍制度是实现"齐民"身份的重要措施之一。所有的臣民一律使用一尺之牍书写信函，这一方面是体现他们"齐民"的身份，另一方面也是"齐民"身份的重要制度保障。

2. "齐民"身份也是社会阶层流动频繁的表现

秦汉社会阶层的垂直流动非常频繁，每个社会成员都有向上流动的可能性。"朝为田舍郎，暮登天子堂"的情况屡见不鲜。秦汉户籍制度建立后，所有在国家簿籍上登记户口的民众，从理论上拥有了平等的社会身份，夏商周时期凭借血缘确定人们身份尊卑等级的礼制已成明日黄花。秦汉社会为每一位成员提供了向上流动的机会，不分男女、不分出身，哪怕是奴婢也有飞黄腾达的时候。德行、才学、口辩、军功、资产、美色甚至告奸成为通往成功之路的敲门砖。例如，武帝时，"卜式拔于刍牧，弘羊擢于贾竖，卫青奋于奴仆，日䃅出于降虏，斯亦曩时版筑饭牛之朋已"②；翟方进父亲早逝，其在太守府做吏员，最后成为丞相；朱博家庭贫困，其从亭长作起，官至太守、刺史。"苟富贵，无相忘"之类的誓词在这一时期很普遍，如文帝母薄姬"少时，与管夫人、赵子儿相爱，约曰：'先贵毋相忘'！"③平阳公主对自己府里的歌女卫子夫说："即贵，愿无相忘。"④即使是对方当前地位低于自己，在交往中也不能轻视对方。身为琅邪太守的赵贡，在见到属下不其县丞薛宣时，不仅

---

① 臧知非：《秦汉"傅籍"制度与社会结构的变迁——以张家山汉简〈二年律令〉为中心》，《人文杂志》2005年第1期，第112～118页。
② 《汉书》卷58《兒宽传》，第2633～2634页。
③ 《汉书》卷97上《外戚传》，第3941页。
④ 《汉书》卷97上《外戚传》，第3949页。

与之倾心交接,而且把他领回家中与妻儿相见,就是因为他看到了薛宣的远大前程:"赣君至丞相,我两子亦中丞相史。"①身份的平等和机会的均等,使得社会成员自尊意识特别强烈,渴望获得别人的尊重。贵贱贫富的随时转变等社会现实警示人们不能随便看轻任何一个人。

虽然在西汉前期和中期也有不同类型的地主不断出现,如私人工商业富豪、通过经营农业发家的兼并之家,不过他们的财产和身份并非世代不变,他们的共同特点就是财富和权力拥有的不确定性,没有如三代贵族般的血缘身份或者其他保障:一方面是天灾人祸、弱肉强食的竞争中财富不保;另一方面,政府凭借一些政令法规就可以侵夺他们的私人财产,汉前期政府为打击地方豪强势力膨胀,借口修建皇陵,迁徙各地豪富至关中,使得他们长期积聚的土地财富和地方人脉资源化为乌有。在专制皇权下,官僚贵族都不过是皇权的工具,他们的权势乃至生命安全也得不到保障。如汉代分封大小王国诸侯王,在汉前期百余年间,或叛乱悖逆,或违法乱纪:"汉定百年之间,亲属益疏,诸侯或骄奢,忕邪臣计谋为淫乱,大者叛逆,小者不轨于法,以危其命,殒身亡国。"②被封的功臣列侯百余人,能够善终的寥寥无几:"汉兴,功臣受封者百有余人……至太初百年之间,见侯五,余皆坐法陨命亡国,耗矣。罔亦少密焉,然皆身无兢兢于当世之禁云。"③特别是那些依靠裙带关系起家的外戚,得势时权倾当世,一旦失去恩宠便全家遭殃。如卫子夫深受汉武帝恩宠,一门内五人封侯,乃至天下歌之曰:"生男无喜,生女无怒,独不见卫子夫霸天下。"④但是,一旦卫氏失宠,卫氏一族即刻覆灭:"自卫氏兴,大将军青首封,其后支属五人为侯。凡二十四岁而五侯皆夺国。征和中,戾太子败,卫氏遂灭。"⑤

(三)民众身份出现差序化现象

东汉后期,具礼与尊称组成的示敬方式出现了很大的等差性变化,受书人的社会地位或者致书人与受书人的关系决定了拜礼的等次、尊称的轻重。

---

① 《汉书》卷83《薛宣传》,第3385页。
② 《史记》卷17《汉兴以来诸侯王年表》,第802页。
③ 《史记》卷18《高祖功臣侯者年表》,第877~878页。
④ 《史记》卷49《外戚世家》,第1983页。
⑤ 《汉书》卷55《卫青传》,第2493页。

从秦汉书牍中示敬方式的变化可以看出人们身份由等齐化向尊卑差次逐渐演变的社会现象。

现代学者已经注意到两汉社会结构中发生的变化:"两汉时期,社会结构的特征表现为从汉初的平民社会逐步随着豪族势力的宗族化进程而渐次向宗族社会演变并由豪族宗族阶层构成汉代宗族社会结构的上层。"[①]豪族是秦汉社会结构中的一个重要阶层,对此中外学者有大量相关的论述。赵沛博士和崔向东博士分别对相关的学术成果进行了梳理总结,并从各自的角度将对豪族阶层的研究向纵深层次推进。本书引用崔向东博士的研究成果对两汉社会结构的变化进行了描述。两汉社会结构中豪族的发展是动态的过程。汉武帝时期独尊儒术,设立五经博士弟子,精通儒学就可以进身仕途,儒学成为入仕的敲门砖。一些精通儒学的家族通过代际传递儒学知识而保持家族的政治地位。同时,政治地位又进一步巩固了其在社会上的经济地位,逐渐形成知识、权势、宗族等多重势力相结合的强大阶层力量。西汉后期,"原来游离于王权秩序之外的社会势力渐渐被融入王权秩序中,由与国家政权相对抗而转为合作。这样,一个以官僚身份为主要特征的地主、官僚、士人等多位一体的豪族阶层便形成了"[②]。这一时期豪族还只是个别现象,东汉政权建立过程中,由于得到豪族势力的强力支持,东汉政权从建立之初就给予这一阶层足够的政治、经济利益,促进了其壮大发展。东汉中期以后,豪族势力逐渐从中央到地方蔓延,这一力量与地方豪强势力相结合,渗透到地方政权中,通过把持地方士人的察举、出任郡县掾史等对基层社会进行控制。门第高低之分的观念在东汉后期已经初露端倪,社会身份高低差次日益明显。这样的社会现实反映在东汉后期人们日常交往的书牍中,就是对受书人的示敬方式出现了多元化、等差化的特征。

四、运用书牍交往的规范性

汉代民众日常交往书牍信息量小,话题内容局限在日常生活领域内,而非日常交往的书牍往往信息量大,话题内容涉及致书人在政治中的遭遇、国家政治等。这样的书牍内容特征反映出当时人们在书牍交往方式上的规范性:在不同的交往

---

① 赵沛:《两汉宗族研究》,济南:山东大学出版社,2002年,第274页。
② 崔向东:《汉代豪族研究》,武汉:崇文书局,2003年,第124~125页。

领域表达不同的内容。汉代民众参与政治社会信息传播的热情与速度丝毫不弱于后代。人们热衷于参与社会舆论、传播社会舆论，"一夫窃议，语流天下"①，社会上流言、讹言数量众多，传播速度惊人。东汉中后期，由于政治的黑暗，社会上形成"匹夫抗愤，处士横议"②的局面。就连闺房之私这样的小道消息也是人们热衷传递的对象，张敞为其妻画眉之事就传遍长安。然而在日常交往的书牍中基本看不到如政治观点、社会舆论、流言讹言、职场事务等信息。

　　人们交往中自觉遵循约定俗成的规则，背后是政治力量对社会成员交往的支配。在汉代，形成书面的文字稍有不慎很有可能为自己招致麻烦，书牍也不例外。书牍写成之后，首先要经过传递途径。马援千里与书兄子严、敦，以龙伯高、杜季良为榜样教诫二子，由于个人书牍的封箴方式落后，其书牍内容竟然被杜季良仇家知晓，仇家以此为据上书告杜季良，结果杜季良被免官。可见，书牍的保密性很难保障。书牍最后是由受书人保存，其中的信息能否保密是致书人无法决定的。即使上述两方面都能保证，书牍中的秘密也很有可能暴露在人们的视野之下。因书牍而获罪的在汉代不在少数：杨恽的罪状本来不足以判其死罪，结果由于他在回信孙会宗时流露出对朝廷的不满情绪，被呈报皇帝，"宣帝见而恶之。廷尉当恽大逆无道，要斩。妻子徙酒泉郡"③。淮阳宪王刘钦之舅张博数次与宪王通书，鼓动宪王入朝为官。事发后，张博兄弟三人弃市，妻子徙边，其罪状之一就是书牍中的内容："王舅张博数遗王书，非毁政治，谤讪天子，褒举诸侯，称引周、汤，以诒惑王，所言尤恶，悖逆无道。"④被废的成帝许皇后通过姐姐嬺贿赂定陵侯淳于长，并"数通书记相报谢"，事被发觉，因"长书有悖谩，发觉，天子使廷尉孔光持节赐废后药，自杀"⑤。尚书郎朱济、丁盛为报复尚书郎张俊，"得其私书与敞子，遂封上之，皆下狱，当死"⑥。时为司空的袁敞，"坐子与尚书郎张俊交通，漏泄省中语，策免"⑦。这些都时刻提醒人们，在书牍交往中要慎之又慎，以免无端遭受祸患。

---

① 《汉书》卷81《匡衡传》，第3332页。
② 《后汉书》卷67《党锢列传》，第2185页。
③ 《汉书》卷66《杨恽传》，第2898页。
④ 《汉书》卷80《宣元六王传》，第3316页。
⑤ 《汉书》卷97下《外戚传》，第3983页。
⑥ 《后汉书》卷45《袁敞传》，第1524页。
⑦ 《后汉书》卷45《袁敞传》，第1524页。

第八章 书牍与秦汉社会状况

书牍成为民众交流沟通的重要工具,这是秦汉政治、经济、文化发展的结果。因为书牍的写作需要具备一定的条件,如人们有对远距离信息传播的需求;致书人与受书人具有一定的文化知识,最起码要会识字、写字,即使其中一方不能识文断字,其周围也必定有能够帮助其完成阅读或书写者;书写工具普遍使用;社会的发展具备一定的传播条件以实现书牍的传递;等等。书牍传播的条件以及书牍的内容等共同反映出秦汉社会政治、经济以及思想文化等发展的状况。

一、社会整体文化水平提升

(一)社会整体文化水平提升的表现

书牍是具有一定文化能力的人之间的沟通手段,因为其需要书写和识读。秦汉简牍中大量书牍资料说明,书牍的使用者除了传世文献中记载的士大夫阶层外,下层民众中一般的军卒、戍卒等都可以熟练运用这一工具,黑夫、惊《与中书》、惊《与中书》的作者就是一般的军卒。结合其他出土文物,我们可以看到秦汉许多社会下层民众运用文字的痕迹。出土的许多器物上留下铭记:咸阳塔尔坡"发掘古墓葬 402 座,其中战国晚期至秦统一的墓葬 384 座,出土文物一千多件,在其中 95 件陶器上发现了 109 处戳印和刻划的陶文和符号"[1]。仪征张集团山汉墓中 1 号墓有三件陶罐,墨书文字"小□四""小□廿六""小□廿八"字样,耳杯刻有"二""三"。[2]山西朔县西汉晚期墓葬

---

[1] 岳起:《咸阳塔尔坡秦墓新出陶文》,《文博》1998 年第 1 期,第 41 页。
[2] 南京博物院、仪征博物馆筹备办公室:《仪征张集团山西汉墓》,《考古学报》1992 年第 4 期,第 484 页。

标本 3M46∶19：“器身有篆体刻铭六处：口沿两处，文为'高奴庙'、'囗斤十两'，颈部一处，文为'饶'；腹部两处，文为'大名五重十四斤四两'、'十三'；足部一处，文为'名十一'。"①山东临沂金雀山汉墓中，在数个漆盘内外写有开、封、日正、山、莒、第四、宫、志、莒等字样②。西北大学医院汉墓"在墓室券顶楔形砖中，发现有两块砖的一端侧面上锲刻有文字，其一文字为'三百≠八枚'……其二文为'三百六十八枚'"③。西北边塞出土的简牍反映出戍守边塞的吏卒文字运用的广泛性。陈兰兰专门研究了汉代简牍的私人文书，种类包括：人际交往私人信件、名谒文书；经济活动中财产流转、合伙经商、制定遗嘱等方面的契约文书；家庭日常生活中礼节来往的账单、经济活动记录等簿籍；丧葬的遣策、亲友赠送赙赠的清单、模拟民间向官府报告的告地文、土地买卖的契约文书；等等。作者指出："私文书产生是其被人们自由选择使用的结果，其数量、种类的多与少和染指的领域的广与狭，体现着人们使用私文书的频繁程度和私文书在社会生活中的作用的大小、角色的轻重。通过以上对比可以看出，汉代尤其是西汉的简牍私文书以其在这些方面的绝对优势鲜活地反映着其在西汉社会生活中的更为活跃。"④

（二）社会整体文化水平提升的原因

社会整体文化水平的提升，与秦汉政治、文化教育以及书写载体变迁、文字统一等有着密切的关系。

1. 秦汉官僚机构对有文化官吏的需求刺激了教育的发展

战国时期，随着各国变法的相继展开，专制主义中央集权制度建立。实现中央与地方以及各级政府之间信息交流的手段就是公文制度的建立。睡虎地秦墓竹简《内史杂》云："有事请殹（也），必以书，毋口请，毋羁请。"⑤刘邦入咸阳，萧何舍弃宫室财物而独取文书，反映了统治者充分认识到文书在

---

① 平朔考古队：《山西朔县秦汉墓发掘简报》，《文物》1987年第6期，第26页。
② 临沂市博物馆：《山东临沂金雀山九座汉代墓葬》，《文物》1989年第1期，第35页。
③ 戴彤心、贾麦明：《西北大学医院汉墓清理简报》，《文博》1988年第3期，第9页。
④ 陈兰兰：《汉代简牍中的私文书研究》，吉林大学硕士学位论文，2004年，第30页。
⑤ 睡虎地秦墓竹简整理小组编：《睡虎地秦墓竹简》，第105页。

国家管理中的重要作用。王充曰:"汉所以能制九州者,文书之力也。"①典文书是秦汉行政之命脉。

　　秦朝有各类文书的范本,睡虎地秦墓竹简整理小组在整理《封诊式》的说明中提道:"《封诊式》有九十八支简……其余各条都是对案件进行调查、检验、审讯等程序的文书程式,其中包括了各类案例,以供有关官吏学习,并在处理案件时参照执行。"②平帝时,"王莽作书八篇戒子孙,令学官以教授,吏能诵者比《孝经》"③。出土的汉代敦煌简和居延简中,文书的范本增加,邢义田先生指出:"秦汉两代都有一定的行政文书范本。……这些范本一方面用以保证行政作业中,相同事务在处理上的规格化和一致化;另一方面也使司其事者对繁杂的业务,能依固定的模式,方便处理,提高效率。此外,对要学习吏职的人而言,这些范本就是不可或缺的教本。"④在以文书行政为特征的官僚机构中,文书行政要求一切行政事务通过文书的形式记录、传递,"有事请殹(也),必以书,毋口请,毋羁请"。相关人员进行必备的文化知识再学习也是一项重要任务。

　　我们知道,秦朝及汉初,军功是获官为吏的主要途径。因此在国家官僚机构中,必然有大量不通文墨的勇武之士。同时,秦汉为官为吏还有如荫庇、赀选等其他途径,这些人在进入统治机构前有可能不通文墨。而公文行政的特征使他们不可避免地需要经常性地与文字打交道,学会文字识读和用文字处理具体事务的能力是工作的需要。另外,一些为政府工作的民众也需要熟悉一些文化知识。因此,在职官吏及民众的文化培训是一项重要的工作。为培养文法吏员,政府专门设立培养机构,秦朝有专门培养"史"的官办学校——学室。秦律有"非史子殹(也),毋敢学学室,犯令者有罪"⑤,所谓"学室",为"一种学校"。承秦制而来的汉初制度中也有学室,张家山汉简《二年律令》中有《史律》,是关于史、卜、祝的考试、选拔及任用的法律规定,如"史学童以十五篇,能风(讽)书五千字以上,乃得为史"⑥。许慎引

---

① (汉)王充:《论衡》卷13,第206页。
② 睡虎地秦墓竹简整理小组编:《睡虎地秦墓竹简》,第244页。
③ 《后汉书》卷62《荀爽传》,第2052页。
④ 邢义田:《从简牍看汉代的行政文书范本——"式"》,中国社会科学院简帛研究中心编辑:《简帛研究》(第三辑),第295页。
⑤ 睡虎地秦墓竹简整理小组编:《睡虎地秦墓竹简》,第106~107页。
⑥ 张家山二四七号汉墓竹简整理小组编著:《张家山汉墓竹简〔二四七号墓〕》,第80页。

用汉代的《尉律》:"学僮十七已上始试,讽籀书九千字,乃得为史。又以八体试之,郡移大史并课,最者以为尚书史。"①从已有的文献资料看,学僮已没有了身份限制。汉武帝独尊儒术后,政府大量吸收精通儒学的人员进入政府机构,"自此以来,公卿大夫士吏彬彬多文学之士矣"②。只要精通儒学,就可为官。汉武帝以后大规模开发西北,戍守边塞烽燧的工作要求吏卒熟悉相关的规章制度,对相关工作做记录,了解和处理过往的文书等,而大多吏卒原本务农,不识文字。西北居延地区出土的汉简中有大量关于屯守的吏卒学习的记录。邢义田指出:"在汉边候长、隧长的考课中,'能书'、'会计'、'知律令'是三项标准。所谓能书,是指能否以公文常用的书体——史书,也就是隶书写公文;所谓会计,是指基本的计算,这是应付汉代军队行政中无数报表计簿不可少的基本能力;知律令,则应是泛指对各种法令条品规定的知识。由于居延和敦煌简的出土,使我们知道他们能书,知计算和知律令的能力并不是担任这些职务以前就必然具备,而是在担任职务的过程里,逐渐学会的。"③李振宏指出,戍卒的学习主要有:学习诏令条文、政策法规,包括当朝的天子诏令、政策法规,建汉以来的各项法令文书,各级屯戍官署的政策法令;学习文化知识,包括数学知识、历法知识、地理知识、蒙学读本、识字练习、历史文献等。④为官做官以改变自身生存状态的激励,促使很多社会成员纷纷入学学习。

官吏在社会中的特权地位具有很大的吸引力,促使一般的社会成员通过学习的渠道获得为吏的能力以进身仕途,获得社会收益。传统社会中,与官位相联系的是经济利益、社会声望、特权的获得等,即使是一般的小吏也可以拥有特权,狱吏就是很典型的例子。秦汉法律严苛,下至小民上至公卿动辄得谬下狱。在监狱中,狱吏有着绝对的权力,即使是公卿大臣在下狱后也会深刻体会到狱吏之贵的事实。西汉韩安国因事下狱:"蒙狱吏田甲辱安国。安国曰:'死灰独不复然乎?'甲曰:'然即溺之。'"⑤周勃下廷尉狱,受到狱吏的侵辱,最后送千金给狱吏,受到指点,方才免遭祸殃,周勃不禁感叹道:

---

① (清)段玉裁撰:《说文解字注》卷30,第766页。
② 《汉书》卷88《儒林传》,第3596页。
③ 邢义田:《汉代边塞吏卒的军中教育——读〈居延新简〉札记之三》,李学勤主编:《简帛研究》(第二辑),北京:法律出版社,1996年,第273页。
④ 李振宏:《居延汉简与汉代社会》,北京:中华书局,2003年,第112~123页。
⑤ 《汉书》卷52《韩安国传》,第2395页。

"吾尝将百万军，安知狱吏之贵也。"①一般社会成员在读完"小学"，掌握了书写、认字能力后，或直接到官府中学吏，或到私学中学吏，民谚有："何以礼义为？史书而仕宦。"②王充曰："是以世俗学问者，不肯竟经明学，深知古今，急欲成一家章句，义理略具，同（趋）学史书，读律讽令，治作（请）奏，习对向，滑跪拜，家成室就，召署辄能。"③

2. 秦汉思想文化政策对教育的重视

秦朝焚书坑儒，只是对民间藏书和诵读诗书的控制，官方博士所藏书籍不在禁毁之列。政府各部门专门设置有学室，教准备为吏者识字和公文写作能力。汉政府采取了一系列鼓励思想文化发展的措施。汉惠帝四年（前191年）废挟书律，允许人们自由收藏、学习《诗》《书》等百家著作。与此同时，汉政府还广开献书之路，号召民众向政府献书，至文帝时"天下众书往往颇出，皆诸子传说"④。汉文帝时重视各家学派的发展，重新设置博士七十余人。博士为秦官，博通今古。晁错曾经被太常派遣到故秦博士伏生的家里学习《尚书》，并以此升迁为太子舍人、门大夫至博士。汉景帝时，辕固以治《诗》为博士，胡毋生以治《公羊春秋》为博士。一些倾心文化的诸侯王，在封国内大力提倡学术。楚元王刘交提倡儒学、尊礼儒生："以穆生、白生、申公为中大夫。高后时，浮丘伯在长安，元王遣子郢客与申公俱卒业。文帝时，闻申公为《诗》最精，以为博士。元王好《诗》，诸子皆读《诗》，申公始为《诗》传，号《鲁诗》。"⑤河间献王刘德对秦汉学术文化发展做出了巨大的贡献："河间献王德以孝景前二年立，修学好古，实事求是。从民得善书，必为好写与之，留其真，加金帛赐以招之。由是四方道术之人不远千里，或有先祖旧书，多奉以奏献王者，故得书多，与汉朝等。"⑥在汉初宽松的政治氛围中，政府鼓励学术文化发展的措施直接促进了教育的恢复和发展，除了由国家举办的"学室"外，传授各家各派学说的私学也纷纷出现。

汉武帝独尊儒术后，汉政府接受儒学，重视教化思想，在刑罚制度之外，

---

① 《汉书》卷40《周勃传》，第2056页。
② 《汉书》卷72《贡禹传》，第3077页。
③ （汉）王充：《论衡》卷12，第189页。
④ 《汉书》卷36《刘歆传》，第1969页。
⑤ 《汉书》卷36《楚元王传》，第1922页。
⑥ 《汉书》卷53《河间宪王刘德传》，第2410页。

也特别重视礼乐的教化作用。武帝在诏书中说:"盖闻导民以礼,风之以乐,今礼坏乐崩,朕甚闵焉。故详延天下方闻之士,咸荐诸朝。其令礼官劝学,讲议洽闻,举遗兴礼,以为天下先。"①汉元帝诏书曰:"国之将兴,尊师而重傅。故前将军望之傅朕八年,道以经书,厥功茂焉。其赐爵关内侯,食邑八百户,朝朔望。"②汉章帝建初四年(79年)诏书群儒论学白虎观中曰:"盖三代导人,教学为本。汉承暴秦,褒显儒术,建立《五经》,为置博士。其后学者精进,虽曰承师,亦别名家。"③重教兴学成为秦汉乃至以后历代的一项基本国策,其中,最重要的措施就是兴建从中央到地方的官学体系。汉武帝元朔五年(前124年),公孙弘与太常臧、博士平等奏议:"为博士官置弟子五十人,复其身。太常择民年十八以上仪状端正者,补博士弟子。郡国县官有好文学,敬长上,肃政教,顺乡里,出入不悖,所闻,令相长丞上属所二千石。二千石谨察可者,常与计偕,诣太常,得受业如弟子。"④汉武帝接受建议,招收博士弟子以及受业如弟子的学生,太学正式建立。之后太学的招生规模逐渐扩大,汉成帝时达三千人,东汉安帝时期太学出现了暂时的衰败,但顺帝时,接受了翟酺要求修缮太学的上书,"乃更修黉宇,凡所造构二百四十房,千八百五十室"⑤。质帝后,"自是游学增盛,至三万余生"⑥,也就是说太学生人数已增加到三万多人。在地方官学建设上,西汉朝廷先后三次颁布有关立地方官学的命令:第一次是在汉武帝时期,"令天下郡国皆立学校官"⑦;第二次是在汉元帝时期,"郡国置《五经》百石卒史"⑧;第三次是在汉平帝时期,由王莽提倡和主持"立官稷及学官"⑨。地方官学按行政区划设置,郡县道邑分别设学、校、庠、序。汉武帝以后,地方学校纷纷兴建,根据姜维公所列的《史书及碑铭所见汉代郡国官学一览表》可知,"37所郡国学遍布于十

---

① 《汉书》卷6《武帝纪》,第171~172页。
② 《汉书》卷9《元帝纪》,第283页。
③ 《后汉书》卷3《章帝纪》,第137页。
④ 《汉书》卷88《儒林传》,第3594页。
⑤ 《后汉书》卷79上《儒林列传》,第2547页。
⑥ 《后汉书》卷79上《儒林列传》,第2547页。
⑦ 《汉书》卷89《循吏传》,第3626页。
⑧ 《汉书》卷88《儒林传》,第3596页。
⑨ 《汉书》卷12《平帝纪》,第355页。

三个刺史部，其中以兖州、扬州、益州、荆州刺史部为最盛"①。

3. 秦汉的仕进制度与教育相结合

太学考试成绩优秀者获得一定的官职，地方成绩优秀者可被征辟到地方政府中。在私学中求学的学子则可以通过国家的取仕政策获得官职。秦汉察举的主要科目有贤良方正、孝廉等。贤良方正一般是在国家遇到重大问题需要解决时，皇帝亲自下诏，由公卿、郡守等向中央推荐，让他们就这些问题发表看法、提出建议。秦汉通过博士弟子制度，为太学生敞开了仕进大门，又通过察举贤良方正、孝廉等为地方官学、私学弟子及自学者提供了入仕的门径，只要精通儒家经典，就有机会进身仕途。儒师常谆谆教导学生："士病不明经术。经术苟明，其取青紫如俛拾地芥耳。"②仕进所带来社会阶层提升的巨大动力深深地鼓舞着学子勤学苦读。

4. 秦汉社会教育的发展

春秋时期，周王室衰微，大国争霸，社会陷入无序状态。大量拥有文化知识的贵族流散到民间：《论语·微子》记载："太师挚适齐，亚饭干适楚，三饭缭适蔡，四饭缺适秦，鼓方叔入于河，播鼗武入于汉，少师阳、击磬襄入于海。"③学者生存的需要、学派传承文化的需要、社会政治对文化的需要等因素促使私学教育开始兴起，其中以孔子创办的私学对后世影响最为深远。秦朝以法为教、以吏为师，禁止私学教育，仅有规模较小，内容以法为主的官学教育。西汉初期，一方面，汉承秦制，设置学室继续培养为吏人才："史、卜子年十七岁学。史、卜、祝学童学三岁，学佴将诣大史、大卜、大祝，郡史学童诣其守，皆会八月朔日试之。"④另一方面，在黄老无为而治统治思想的指导下，政府采取了系列鼓励思想文化发展的措施。如汉惠帝废除"挟书律"，私自藏书被定罪成为历史，人们终于可以合法公开地拥有书籍并进行学习。在政府的允许鼓励之下，学者们纷纷开启门楣，收徒讲学，私学教育以星火燎原之势发展起来。有学习

---

① 姜维公：《汉代学制研究》，北京：中国文史出版社，2005年，第83页。
② 《汉书》卷75《夏侯胜传》，第3159页。
③ （宋）邢昺：《论语注疏》卷18，（清）阮元校刻：《十三经注疏》，第5497页。
④ 张家山二四七号汉墓竹简整理小组编著：《张家山汉墓竹简〔二四七号墓〕》，第80页。

黄老之术的：田叔"喜剑，学黄老术于乐巨公所"①；陈平"好读书，治黄帝、老子之术"②；汲黯"学黄老之言，治官理民，好清静，择丞史而任之"③；司马谈"学天官于唐都，受《易》于杨何，习道论于黄子"④。有学习法律、刑名的：晁错"学申商刑名于轵张恢先所，与洛阳宋孟及刘礼同师"⑤；路温舒"取泽中蒲，截以为牒，编用写书。捎习善，求为狱小吏，因学律令，转为狱史"⑥；韩安国"尝受《韩子》、杂说邹田生所"⑦。儒家学派自创始以来就十分重视教育，五经各有传授，从学者人数众多，大师辈出。

汉武帝独尊儒术后，儒家思想被确立为统治阶级的指导思想，私学得到良好的发展空间，在官学五经之外，私学的经典传授也非常发达，如"高相，沛人也。治《易》与费公同时，其学亦亡章句，专说阴阳灾异，自言出于丁将军。传至相，相授子康及兰陵毋将永"⑧；"夏侯胜，其先夏侯都尉，从济南张生受《尚书》，以传族子始昌。始昌传胜"⑨。

光武帝刘秀爱好儒学，统一战争尚未全面结束，就在全国各地访求饱学儒士，收罗珍贵文献，设立十四博士，并在洛阳城南开阳门外修建起太学，修建灵台、明堂、辟雍，并举行盛大隆重的三雍礼仪。在东汉政府重视文教政策的鼓励下，私学兴起，大师门下动辄成百上千门生："自光武中年以后，干戈稍戢，专事经学，自是其风世笃焉。其服儒衣，称先王，游庠序，聚横塾者，盖布之于邦域矣。若乃经生所处，不远万里之路，精庐暂建，赢粮动有千百，其耆名高义开门受徒者，编牒不下万人，皆专相传祖，莫或讹杂。"⑩

蒙学教育得到发展。蒙学是指从事儿童初等教育的学校。古时将对儿童开始实施教育称为"启蒙"，这个阶段的教育亦称"蒙养"。西周以前，有条件实施蒙养教育的只有贵族子弟的小学，由保氏教贵族子弟"六书"，"《史籀

---

① 《史记》卷104《田叔列传》，第2775页。
② 《汉书》卷40《陈平传》，第2038页。
③ 《史记》卷120《汲黯列传》，第3105页。
④ 《史记》卷130《太史公自序》，第3288页。
⑤ 《史记》卷101《袁盎晁错列传》，第2745页。
⑥ 《汉书》卷51《路温舒传》，第2367页。
⑦ 《汉书》卷52《韩安国传》，第2394页。
⑧ 《汉书》卷88《儒林传》，第3602页。
⑨ 《汉书》卷88《儒林传》，第3604页。
⑩ 《后汉书》卷79下《儒林列传下》，第2588页。

篇》者，周时史官教学童书也"①。春秋战国时期，蒙养教学已在民间开展。秦时编写了一批文字书，如李斯作《仓颉》七章，赵高作《爰历》六章，胡毋敬撰《博学》七章。汉代继续对小学教本进行改进，并随着社会发展的需要不断增加字数容量：

> 汉兴，闾里书师合《仓颉》、《爰历》、《博学》三篇，断六十字以为一章，凡五十五章，并为《仓颉篇》。武帝时司马相如作《凡将篇》，无复字。元帝时黄门令史游作《急就篇》，成帝时将作大匠李长作《元尚篇》，皆《仓颉》中正字也。《凡将》则颇有出矣。至元始中，征天下通小学者以百数，各令记字于庭中。扬雄取其有用者以作《训纂篇》，顺续《仓颉》，又易《仓颉》中重复之字，凡八十九章。臣复续扬雄作十三章，凡一百二章，无复字，六艺群书所载略备矣。②

《仓颉篇》有 3300 字，《训纂篇》共 5340 字。东汉时期班固、贾鲂等所作字书中汉字数量不断增多，到许慎作《说文解字》时已是 9353 字了。《仓颉篇》已经亡佚，但在出土的汉简中还能看到《仓颉》篇中的一些片段，如敦煌汉简中有"苍观（颉）作书以教后嗣幼子承诏谨慎敬戒勉力讽诵昼夜勿置苟勉力成史计会辩治超等"③。《急就篇》相传为汉元帝时黄门令史游所作，全书共 2144 字，由三言、四言、七言的韵语组成，便于学生记诵。篇中分章叙述各种名物，如姓氏名字、饮食、器物、鱼虫、音乐、宫殿、动物、植物、疾病、官职、法律、地理等，不仅为识字而作，而且能很好地传播知识，适应现实需要。字书容量的增加是社会文化需要在文字上的反映，是秦汉社会文化水平提高的表现："汉代文字，随时增益。其初教小学之书，仅三千余字，后以次增至九千余字。司马相如、杨雄、班固、贾鲂、许慎等所增之字，或出采辑，或出创造，未可断定。然四百年间，人民通用之字，增至六千五十有奇，文化之进步可想矣。"④

---

① 《汉书》卷 30《艺文志》，第 1721 页。
② 《汉书》卷 30《艺文志》，第 1721 页。
③ 吴礽骧、李永良、马建华释较：《敦煌汉简释文》，第 152 页。
④ 柳诒徵编著：《中国文化史》，北京：中国大百科全书出版社，1988 年，第 324～325 页。

蒙学主要分布在社会基层，便于学童就近学习，对学童的身份没有限制，只要稍有经济能力就可以入学求学。学馆中的人员众多。一般家庭只要有主要劳动力，就能负担得起蒙学教育的学费，即使是家内主要劳动力的丧失影响到学子求学，只要学子一心向学，也能获得学习的机会。西汉基层社会组织是乡里，父老掌管乡里教化。农闲时节，乡里会专门聘请书师教育儿童。王充在《论衡·自纪》中回顾自己幼时的学习生涯时说：

> 建武三年，充生。为小儿，与侪伦遨戏，不好狎侮。侪伦好掩雀、捕蝉、戏钱、林熙，充独不肯。诵奇之。六岁教书，恭愿仁顺，礼敬具备，矜庄寂寥，有臣人之志。父未尝笞，母未尝非，闾里未尝让。八岁出于书馆。书馆小僮百人以上，皆以过失袒谪，或以书丑得鞭。充书日进，又无过失。手书既成，辞师受《论语》、《尚书》，日讽千字。①

《拾遗记》载：

> 贾逵年五岁，明惠过人，其姊韩瑶之妇，嫁瑶无嗣而归居焉，亦以贞明见称。闻临中读书，旦夕抱逵隔篱而听之。逵静听不言，姊以为喜。至年十岁，乃暗诵六经。②

崔寔在《四民月令》中记录一年十二个月农事活动，其中正月、十一月都涉及儿童教育问题：

> （正月）农事未起，命成童以上入大学，学五经；师法求备，勿读书传。研冻释，命幼童入小学，学篇章。③
> （十一月）研水冻，命幼童读《孝经》、《论语》篇章，入小学。④

---

① （汉）王充：《论衡》卷30，第447页。
② （晋）王嘉撰，（梁）萧绮录，齐治平校注：《拾遗记》卷6，北京：中华书局，1981年，第154页。
③ （汉）崔寔原著，石声汉校注：《四民月令校注》，北京：中华书局，1965年，第9页。
④ （汉）崔寔原著，石声汉校注：《四民月令校注》，第71页。

农忙则耕、农闲则学,这样的小学教育应该是包括庄园中的一般劳动者子弟。

二、社会人口流动频繁

　　春秋末期至战国,为在争霸兼并战争中取得优势地位,各国纷纷采取措施吸引人才、人口,人口的流动较少受到限制。社会成员逐渐摆脱了血缘性与地域性的羁绊,在更为广阔的地域空间中流动、混居。无论是贵族、官僚、士人、商贾还是农民,无论是为了施展才华、实现理想还是为了谋求生计,都有周流天下、辗转四方的主动性和积极性,形成了"天下熙熙,皆为利来;天下攘攘,皆为利往"的流动局面。秦汉社会,政府为实现对社会的控制,实行编户政策,每年八月定期对人口检查,禁止人口自由流动,企图将民众牢牢地控制在土地上。但是,社会发展引发的人口流动已经成为不可抗拒的潮流。秦汉回避籍贯而到他处任职的官员、奔波于役职之途的属吏、负笈千里寻师的学子、奔走各地求利的商人、受政府驱使服役或迁徙的一般民众等,构成了秦汉社会人口流动的大军。远离乡土、与亲友分离必然产生对远距离信息传播以及情感交流的需求。在秦汉社会成员整体文化水平提升的前提下,文字所具有的能够穿越时空表情达意的功能满足这样的需求——为天各一方的人们架起沟通的桥梁。另外,秦汉政府虽然建立四通八达、制度完备的邮驿系统,但是其仅供与公务相关的信息传递,并不为私人服务。个人间的信息传递主要依靠熟人的捎递,因此,人口的流动既是书牍传递的前提条件,也是书牍得以传递的保证。

(一)官吏的流动

1. 官员的流动

　　秦朝中央实行三公九卿制,地方实行郡县制度。汉承秦制,在继承秦制的基础上,地方上建立许多诸侯王国,地方行政制度是郡国并行制。汉武帝时期,在秦设监御史的基础上,又形成了统辖郡国的州部,设立的司隶校尉和十三州刺史是监察单位,没有实际的行政权力。到东汉后期,州成为凌驾于郡之上的最高一级地方行政机构。官吏集团按照俸禄分为长吏和少吏两个阶层,"县令、长,皆秦官,掌治其县。万户以上为令,秩千石至六百石。减万户为长,秩五百石至三百石。皆有丞、尉,秩四百石至二百石,是为长吏"①。从中央到郡国的各级行政长官,均为长吏。秦汉"少吏"指官僚群体中位居百石、斗食、佐史之秩的低级官吏,即《汉书·百官公卿表》所云"百石以下有斗食、佐史之秩,是为少吏"②。秦汉社会的少吏在秦汉中央、郡、县(侯国、盐铁官)等各级政权中均广泛存在,且其名目及人数十分庞大。

2. 长吏的流动

卜宪群指出古代官僚制度的基本特征是:"它实行集权式的政治统治,官吏直接受权于君主,君主享有至高无上的权威;整个统治机构具有等级隶属、职责明确、分工细密、法治化这样一些基本特点;官吏的选拔主要不是依靠身份和血统,而是凭借自身的技能和才干,职务不世袭;官吏依功次、年次等客观依据而晋升;官吏领取俸禄;并且整个官僚体系内部形成了一套考核、控制和监督机制。"③秦汉官员选拔在全国各地进行,或通过察举征辟,或通过考试,或者是通过吏员转迁等方式。首先,在地方官的任用上,有严格的籍贯限制:"汉代地方官吏之任用有极严格之籍贯限制……约其法规可得下列四条:一、中央任命之各级监官长吏不用本籍人——刺史不用本州人;郡守国相等不用本郡国人;县令长丞尉不但不用本县人,且不用本郡人。——惟西汉之司隶校尉、京兆尹、长安县令丞尉不在此限。"④东汉时,对地方长官的籍贯限制更为严格,京畿地区也不例外,一律不得本地人担任,婚姻之家及两州人士不得在对方所在地任官,后来甚至有了"三互法":"初,朝议以州郡相党,人情比周,乃制婚姻之家及两州人士不得对相监临。至是复有'三互法'。禁忌转密,选用艰难。"⑤官员不仅异地任官,而且为官期间的调动、升迁、黜降较为频繁。如薛宣的仕宦经历:少为廷尉书佐、都船狱史。后以大司农斗食

---

① 《汉书》卷 19 上《百官公卿表》,第 742 页。
② 《汉书》卷 19 上《百官公卿表》,第 742 页。
③ 卜宪群:《秦汉官僚制度》,北京:社会科学文献出版社,2002 年,第 1 页。
④ 严耕望撰:《中国地方行政制度史——秦汉地方行政制度》,上海:上海古籍出版社,2007 年,第 357 页。
⑤ 《后汉书》卷 60 下《蔡邕传》,第 1990 页。

属察廉，补不其丞。迁乐浪都尉丞。为宛句令、长安令、临淮太守、陈留太守、守左冯翊等。①第五伦历任京兆尹主簿、淮阳国医工长、会稽太守、宕渠令、大司农、蜀郡太守、司空等职。②郭伋建武四年（28年）为中山太守，后转为渔阳太守，又征拜颍川太守，再拜为并州牧，最后征为太中大夫。③杜诗先在大司马府为官，后迁南阳太守。④官僚阶层是社会中流动性最大的阶层。尹湾汉简的《东海郡下辖长吏名籍》中，有籍贯记载的126名长吏中，山阳郡20人，沛郡18人，琅琊郡11人，汝南郡10人，颍川郡8人，临淮郡7人，陈留郡6人，鲁国6人，京兆尹4人，梁国3人，南阳郡3人，淮阳国3人，丹阳郡3人，六安国2人，楚国2人，东郡2人，定陶国2人，河南郡2人，左冯翊2人，泰山郡2人，广陵郡1人，北海郡1人，胶东国1人，右扶风1人，信都国1人，庐江郡1人，巨鹿郡1人，清河郡1人，济南郡1人，东海郡1人。126人中，只有一名长吏籍贯是东海郡。"这种情况是可以证明西汉晚期，包括丞、尉在内的县长吏，不但非本县人，且非本郡人。"⑤虽然有些官员带着直系家属住在"官舍"内，如傅燮、戴宏年少时都曾跟随父亲住在官舍；渔阳太守因遣吏迎妻子到官舍而不迎母亲，而被朱浮弹劾。《后汉书·独行列传》载，要去赴任的涪令某官带着家眷十余口夜宿鼙亭时被人杀害。也有很多不带家眷的，何并为太守"性清廉，妻子不至官舍"⑥。羊续为南阳太守时，"续妻后与子秘俱往郡舍，续闭门不内"⑦。即使是带有家眷赴职的，也是其直系亲属。官员辗转他方，必然与亲属、朋友以及之前任职过程中建立的社会关系分离。

3. 少吏的流动

在秦汉官僚行政管理体制中，各级行政机构是由中央直接除授的官员行

---

① 《汉书》卷83《薛宣传》，第3385~3387页。
② 《后汉书》卷41《第五伦传》，第1396~1397页。
③ 《后汉书》卷31《郭伋传》，第1091~1093页。
④ 《后汉书》卷31《杜诗传》，第1094页。
⑤ 相高昕：《西汉地方官吏任职籍贯回避制度探讨——以尹湾汉简〈名籍〉为中心》，南京师范大学硕士学位论文，2012年，第12页。
⑥ 《后汉书》卷77《何并传》，第3268页。
⑦ 《后汉书》卷31《羊续传》，第1110页。

使职权，而大量日常事务是由各级行政长官自行辟除的属吏完成。无论是中央各部门还是地方郡县行政机构中，都有数量庞大的吏员。如丞相府，以武帝元狩六年（前117年）为例，共有吏员362人，其中"史二十人，秩四百石；少史八十人，秩三百石；属百人，秩二百石；属史百六十二人，秩百石"①。《汉官》载东汉时期：廷尉员吏百四十人、宗正员吏四十一人、大司农员吏百六十四人、少府员吏三十四人、河南尹员吏九百二十七人、洛阳令员吏七百九十六人。②地方郡县原则上辟用本地人士担任："州郡国县道侯国政府之属吏皆由长官自辟用本域人，各以本州、本郡国、本县道侯国所辖之境为准，不得用辖境以外之人。"③秦汉行政制度对官吏考勤制度要求严格。一般的府吏平时住在官府的"吏舍"中，只有"沐日"为休息时间，才能自由活动，或回家与亲人团圆，或从事其他活动。薛宣为左冯翊官长时，"及日至休吏，贼曹掾张扶独不肯休，坐曹治事"④。东汉宋均"以父任为郎，时年十五，好经书，每休沐日，辄受业博士，通《诗》《礼》"⑤。虽然地方官府的属吏由本地担任，但是，大多数属吏家并非住在郡、县治所所在地，像庐江府小吏焦仲卿一样，离家较远的吏员应该不在少数："君既为府吏，守节情不移。贱妾留空房，相见常日稀。"⑥作为为国家服务的公职人员，掾吏们需要经常出差办理公务，如每年年底各郡要派上计吏到京城汇报工作，其中有不少人被留下为郎官，延熹年间"三署见郎七百余人"⑦。东汉桓帝时，陇西郡上计掾秦嘉和妻子徐淑伉俪情深，但是秦嘉要远行到洛阳，得知妻子生病的情况也不能亲自回家看望。东海尹湾汉墓YM6D5号木牍记载了少吏们为官府出差办事的记录：

  郯狱丞司马敞正月十三月送罚戍上谷
  郯左尉孙严九月廿一日送罚戍上谷
  朐邑丞杨明十月五日上邑计

---

① （清）孙星衍等辑，周天游点校：《汉官六种·汉旧仪》，第68～69页。
② （清）孙星衍等辑，周天游点校：《汉官六种·汉官》，第5～8页。
③ 严耕望撰：《中国地方行政制度史——秦汉地方行政制度》，第352页。
④ 《汉书》卷83《薛宣传》，第3390页。
⑤ 《后汉书》卷41《宋均传》，第1411页。
⑥ （宋）郭茂倩：《乐府诗集》卷73，北京：中华书局，1979年，第1034页。
⑦ 《后汉书》卷54《杨秉传》，第1772页。

费长孙敞十月五日送卫士
开阳丞家圣九月廿一日市鱼就财物河南[①]

役职的辛苦使得很多人不堪重负。桓帝时但望为巴郡太守,郡文学掾赵芬等几十人"诣望自讼曰:郡境广远,千里给吏。兼将人从,冬往夏还。夏单冬复。惟逾时之役,怀怨旷之思,其(昏)忧丧吉凶,不得相见"[②]。还有许多受到长官的差遣,为长官办理私人事务,如东海郡功曹史师饶的墓葬中出土十方名谒:第一方为东海太守级遣功曹史请墓主办事的名谒,其次七方是沛郡太守等官吏遣吏向已任东海太守功曹史的墓主请谒或问起居、问疾时所使用的名谒,还有两方为墓主人亲自或派人请谒别人时所用名谒。少吏们因公因私的流动是经常现象。

(二)民众的流动

秦汉时期,海内一统,在利益、求学、徭役等的驱动下,大量人口在全国范围内流动。

1. 学子的流动

负笈赢粮、奔走四方寻找名师求学是秦汉教育特色。[③]汉武帝独尊儒术后,在经学取士的利禄诱惑以及社会上日益浓厚的尊师重教风尚的影响下,一心向学的学子人数逐渐增加。

一方面,两汉时期教育存在着区域性发展的不平衡:"汉代教育以汉武帝为界可以分为前后两期。武帝之前,教育的重心在关东,以私学为主,其中邹鲁、燕齐俨然处于龙头地位;而三辅和巴蜀的教育尚未获得显著发展。武帝之后,由于政治形势的变化以及文教政策的改变,经学成为'利禄'之途,

---

① 连云港市博物馆、东海县博物馆、中国社会科学院简帛研究中心,等编:《尹湾汉墓简牍》,第96页。
② (晋)常璩撰,任乃强校注:《华阳国志校补图注》卷1,上海:上海古籍出版社,1987年,第19页。
③ 对此,学者多有论述:张鹤泉:《东汉时代的游学风气及社会影响》,《求是学刊》1995年第2期;刘太祥:《汉代游学之风》,《中国史研究》1998年第4期;陈雁:《东汉魏晋时期颍汝、南阳地区的私学与游学》,《文史哲》2000年第1期;聂济东:《游学与汉末政治》,《山东大学学报(哲学社会科学版)》2007年第6期。

四方趋之若鹜，长安、洛阳因为是全国的政治、经济中心，兼为全国最高学府太学的所在地，所以逐渐成为先进的教育文化区，巴蜀则因建立了稳定的郡学制度而形成了自己的教育特色。而齐鲁的地方教育机构固然有所增加，教育也较以前普及，但其教育地位则明显下降。"①长安和洛阳因其首都的区位优势，极大地吸引着高端人才涌入："先是四方学士多怀协图书，遁逃林薮。自是莫不抱负坟策，云会京师，范升、陈元、郑兴、杜林、卫宏、刘昆、桓荣之徒，继踵而集。"②京师太学是士人游学集中的所在，西汉后期太学人数有几千人，东汉质帝时期已经达到三万人。其他地区特别是边远地区的教育水平相对较低，教师数量较少。学生想得到良好的教育，必然要跨区域流动。另一方面，儒学教育过程中遵循"礼闻来学，不闻往教"③的教学原则，就是说如果学生要学习，必须亲自到教师家中求教，或到教师设立的专门场所学习，如果教师到学生家里亲自教授，就违反了礼节。御史大夫张忠希望聘请孙宝到家中教授其子儒学，孙宝断然拒绝，不过后来孙宝却接受了张忠聘请的主簿一职，为此，孙宝解释道："高士不为主簿，而大夫君以宝为可，一府莫言非，士安得独自高？前日君男欲学文，而移宝自近。礼有来学，义无往教；道不可诎，身诎何伤？"④东汉时期，包咸精通《论语》，"(太守黄谠)欲召咸入授其子。咸曰：'礼有来学，而无往教'，谠遂遣子师之"⑤。学子打算师从名师学习，必须亲自负笈赢粮，不远千里前往经师所在地求教。到东汉中期以后，声誉名望以及人际关系对察举制的影响增强，寻师学习目的之外又有其他目的："东汉后期到魏晋时期，士人的游学目的由通晓经术逐渐转变成了主要以交接名士，从而达到获得社会地位及名誉的目的。"⑥

西汉私学大师共七十四位，教授学生主要以个位计；而东汉的私学大师共有一百三十五人，授业学生动辄成百上千十分常见。东汉时期的游学还有一个明显的变化，即与西汉士人游学目的地及求学经师较为单一的情况不同，士人游历目的地增多、学无常师的情况比较常见。如仲长统"年二十余，游

---

① 姜维公：《汉代学制研究》，第 353～354 页。
② 《后汉书》卷 79 上《儒林列传》，第 2545 页。
③ (唐)孔颖达：《礼记正义》卷 1，(清)阮元校刻：《十三经注疏》，第 2663 页。
④ 《汉书》卷 77《孙宝传》，第 3257 页。
⑤ 《后汉书》卷 79 下《儒林列传》，第 2570 页。
⑥ 陈雁：《东汉魏晋时期颍汝、南阳地区的私学与游学》，《文史哲》2000 年第 1 期，第 74 页。

学青、徐、并、冀之间，与交友者多异之"①；景鸾"少随师学经，涉七州之地"②；郑玄"遂造太学受业，师事京兆第五元先，始通《京氏易》、《公羊春秋》、《三统历》、《九章算术》。又从东郡张恭祖受《周官》、《礼记》、《左氏春秋》、《韩诗》、《古文尚书》。以山东无足问者，乃西入关，因涿郡卢植，事扶风马融"③；李固"少好学，常步行寻师，不远千里"④；范冉"奉檄迎督邮，冉耻之，乃遁去。到南阳，受业于樊英。又游三辅，就马融通经，历年乃还"⑤。文献中对游学的社会现象有生动的概括："若乃经生所处，不远万里之路，精庐暂建，赢粮动有千百"⑥；"方斯之际，处士山积，学者川流，衣裳被宇，冠盖云浮"⑦。

士人们交往的规模不断扩大，交往的频率逐渐增高，甚至愈演愈烈，成为十足的社会交往。太学生符融经常宾客盈室，而同郡仇览不务交游，符融不解地询问："今京师英雄四集，志士交结之秋，虽务经学，守之何固？"⑧此一番话，道出了太学生课外生活的重心。

2. 商人的流动

商品经济在秦汉宽松的时代背景下又蓬勃发展起来："汉兴，海内为一，开关梁，弛山泽之禁，是以富商大贾周流天下，交易之物莫不通，得其所欲。"⑨伴随着人口增多、城市发展，商品交换日益频繁，从京畿到郡国涌现出多层级市场，有规模很大的都市长安，有区域性的天下名都，如临淄、邯郸、宛城、成都等。东汉时期，商品经济继续发展："今举世舍农桑，趋商贾，牛马车舆，填塞道路，游手为巧，充盈都邑，治本者少，浮食者众。商邑翼翼，四方是极。今察洛阳，浮末者什于农夫，虚伪游手者什于浮末。是则一夫耕，百人食之，一妇桑，百人衣之，以一奉百，孰能供之？天下百郡千县，市邑

---

① 《后汉书》卷49《仲长统传》，第1643页。
② 《后汉书》卷79下《儒林列传》，第2572页。
③ 《后汉书》卷35《郑玄传》，第1207页。
④ 《后汉书》卷63《李固传》，第2073页。
⑤ 《后汉书》卷81《独行列传》，第2688页。
⑥ 《后汉书》卷79下《儒林列传》，第2588页．
⑦ 《后汉书》卷52《崔骃传》，第1714页。
⑧ 《后汉书》卷76《循吏列传》，第2481页。
⑨ 《史记》卷129《货殖列传》，第3261页。

万数，类皆如此。"①商人们游走四方，将物品从生产有余的地方运到缺乏的地方，利用其地区差价，通过长途贩运、贱买贵卖的不等价交易而牟取利润。"商贾，何谓也？商之为言商也。商其远近，度其有亡，通四方之物，故谓之商也。贾之为言固也。固其有用之物，以待民来，以求其利者也。行曰商，止曰贾。"②商人周流天下进行交易，贾并非都坐列贩卖，文献中常有"行贾""中贩""贩贾"等用语。

西汉前期，国家颁布一系列措施放松了对商人的控制，于是众多商人交错于道路，追富逐利："自京师东西南北，历山川，经郡国，诸殷富大都，无非街衢五通，商贾之所凑，万物之所殖者……宛、周、齐、鲁，商遍天下。"③西汉后期至东汉，从事贩运商业的人不绝于史书。例如，吴汉早年"以贩马自业，往来燕、蓟间"④；第五伦"自以为久宦不达，遂将家属客河东，变名姓，自称王伯齐，载盐往来太原、上党"⑤。

3. 一般民众的流动

秦汉政府为维护统治的长治久安，大力发展小农经济，希望把小农以及其他阶层的民众固定在土地上。但是，同样出于统治阶级利益的需要，他们又被以各种理由驱使，背井离乡，常年在外。首先，有各种徭役驱使的流动。秦汉时期，每一男子到一定年龄后就要开始为国家服徭役，叫"傅籍"。《汉书·昭帝纪》引如淳注曰：

> 更有三品，有卒更，有践更，有过更。古者正卒无常人，皆当迭为之，一月一更，是谓卒更也。贫者欲得顾更钱者，次直者出钱顾之，月二千，是谓践更也。天下人皆直戍边三日，亦名为更，律所谓徭戍也。虽丞相子亦在戍边之调。不可人人自行三日戍，又行者当自戍三日，不可往便还，因便住一岁一更。诸不行者，出钱三百入官，官以给戍者，

---

① （汉）王符著，（清）汪继培笺，彭铎校正：《潜夫论笺校正》卷3，第120页。
② （清）陈立撰，吴则虞点校：《白虎通疏证》卷7，北京：中华书局，1994年，第346页。
③ 王利器校注：《盐铁论校注》卷1，第30～31页。
④ 《后汉书》卷18《吴汉传》，第675页。
⑤ 《后汉书》卷41《第五伦传》，第1396页。

是谓过更也。①

虽然可以出钱雇人代役，但是一般的百姓人家很难有经济实力做到，只能亲自前往服役。如果遇到战争，服役往往会超过年限，如汉武帝时期，从元光二年（前133年）到征和四年（前89年）对匈奴进行了长达几十年的战争。另外，政府还会有一些额外的摊派，征和二年武帝诏书中提到丞相公孙贺曰："以边为援，使内郡自省作车，又令耕者自转，以困农烦扰畜者，重马伤耗，武备衰减。"②其次，有政策驱使的移民。汉武帝时期为打通与西域诸国的联系，发动了对匈奴的战争，汉王朝的势力进入河西地区，在此设立武威、酒泉、张掖、敦煌四郡。为经营这一地区，政府派驻戍卒建筑亭障，屯田戍守，"初置张掖、酒泉郡，而上郡、朔方、西河、河西开田官，斥塞卒六十万人戍田之"③，戍卒大多是定期轮换戍守。最后，政府还给出优惠政策，鼓励内地民众迁徙到边地充实边防，先后组织了几次大规模的徙民活动，如元朔二年（前127年）"收河南地，置朔方、五原郡"，当年夏"募民徙方十万口"④。元狩四年（前119年），关东连年遭受水灾，流民无处安置，"乃徙贫民于关以西，及充朔方以南新秦中"⑤。大量中原地区的民众迁到此处来。西汉元帝前的诸帝，即位后就开始修建自己的陵墓，同时在陵墓附近建立居民点，迁入移民，建立陵邑。迁入对象包括高官贵戚及其家属、各地的高訾富人、群盗等。对于迁居造成的亲戚别离现象，汉元帝深有认识：

> 安土重迁，黎民之性；骨肉相附，人情所愿也。顷者有司缘臣子之义，奏徙郡国民以奉园陵，令百姓远弃先祖坟墓，破业失产，亲戚别离，人怀思慕之心，家有不安之意。是以东垂被虚耗之害，关中有无聊之民，非久长之策也。《诗》不云乎？"民亦劳止，迄可小康，惠此中国，以绥四方。"今所为初陵者，勿置县邑，使天下咸安土乐业，亡有动摇之心。

---

① 《汉书》卷7《昭帝纪》，第230页。
② 《汉书》卷66《刘屈氂传》，第2879页。
③ 《汉书》卷24下《食货志》，第1173页。
④ 《汉书》卷6《武帝纪》，第170页。
⑤ 《汉书》卷24下《食货志》，第1162页。

布告天下，令明知之。①

人口流动一方面将人们与原来的社会关系在距离上隔开，产生对远距离信息传递、情感交流的需要；另一方面又扩展了人们的社会关系。人们在血缘关系之外网结更广泛的社会关系：基于经济、互助利益的邻里关系、志同道合为纽带的朋友关系，因职业而形成的同事关系，求学过程中的师生、同学关系，等等。为谋求良好的人际关系以便为自己生存创造条件，经常性地通过各种途径保持联系是重要的功课。礼物的馈赠、礼节的问候请安、精神的交流等交往日益频繁。在秦汉民众整体文化水平提升的前提下，文字所具有的跨越时空表情达意、传递信息的功能，日渐补充了传统面对面的口头交流方式，成为人际交往的重要工具。

三、商品经济发展

秦汉时期，天下一统。秦始皇统一度量衡、货币，大规模修建驰道等措施，为商品经济的发展提供了条件。汉初，朝廷开山泽之禁，在黄老无为而治思想指导下放手民众发展经济，在追逐财利的内在思想驱动下，形成了"富商大贾周流天下，交易之物莫不通，得其所欲，而徙豪杰诸侯强族于京师"②的局面。从秦汉书牍中我们可以看到钱物流动的痕迹，其反映出社会商品经济的发展。

（一）秦汉商品经济发展的表现

1. 民众生活和市场联系密切

秦朝统一前夕，在淮阳前线的士兵黑夫和惊写信给母亲要衣服和钱，其中提到如果安陆当地的布便宜，就买了做成衣服；如果布价贵，就只寄钱，由他在当地买布后做成衣服。可见，无论家乡所在地安陆还是军事前线淮阳一带，市场上布匹的供应应该比较充足，可以随时进行交易。西汉中后期的

---

① 《汉书》卷9《元帝纪》，第292页。
② 《史记》卷129《货殖列传》，第3261页。

悬泉置遗址中发现的《元致子方书》中,元恳请子方帮他购买一双鞋子、五支毛笔;另外,元委托子方帮助郭营尉买鞭。鞋子除了有尺寸大小外,还要求外观、舒适度;鞭子要求买甩起来响声较大的。这说明市场中鞋子、鞭子的种类比较丰富,有很多种类供应。与文化教育相关的书籍和书写工具在市场上都有出售。王莽时,太学的会市中就有出售书籍的情况:"但列槐树数百行为隧,无墙屋,诸生朔望会此市,各持其郡所出货物及经书传记、笙磬乐,相与买卖。"①东汉时期,市场中图书交易的现象逐渐增多,王充"家贫无书,常游洛阳市肆,阅所卖书,一见辄能诵忆"②;刘梁"宗室子孙,而少孤贫,卖书于市以自资"③。由于社会对书籍的需求量大,一些人专门靠为人抄书、租赁书籍养家糊口。公孙晔"字春光,到大学受尚书,写书自给"④。陈君渊、李郃则通过租赁书籍谋生:"陈长次君渊,昼则躬耕,夜则赁书以养母。"⑤李郃"至京师学,常以赁书自给"⑥。安帝时,王溥"家贫不得仕,乃挟竹简插笔,于洛阳市佣书。美于形貌,又多文辞。来徼其书者,丈夫赠其衣冠,妇人遗其珠玉,一日之中,衣宝盈车而归"⑦。写书用的文具在市场上也很普遍。(刘祐)"仕郡为主簿,郡将小子尝出钱付之,令市买果实,祐悉以买笔墨书具与之"⑧。《元致子方书》中元请求自己的朋友子方为自己购买"笔五枚,善者"。除了这些直接需要和市场交换的物品外,民众日常生活中还需要出卖自己的产品以换取货币。《盐铁论·水旱》中贤良们提到在汉武帝盐铁官营前乡村社会中家庭铁匠从业者生产出农具与农民相交易的场景:"家人相一,父子戮力,各务为善器,器不善者不集。农事急,挽运衍之阡陌之间。民相与市买,得以财货五谷新币易货;或时赁民,不弃作业。"⑨

2. 都市繁荣

洛阳、长安、邯郸、临淄等大都市市场繁荣,县级以上的城市都专门辟

---

① (宋)李昉等撰:《太平御览》卷534,北京:中华书局,1960年,第2424页。
② 《后汉书》卷49《王充传》,第1629页。
③ 《后汉书》卷80下《文苑列传》,第2635页。
④ (唐)虞世南编撰:《北堂书钞》卷101,北京:中国书店,1989年,第384页。
⑤ (唐)虞世南编撰:《北堂书钞》卷101,第384页。
⑥ (唐)虞世南编撰:《北堂书钞》卷101,第384页。
⑦ (晋)王嘉撰,(梁)萧绮录,齐治平校注:《拾遗记》卷6,第143页。
⑧ 《后汉书》卷67《党锢列传》注引《谢承书》,第2199页。
⑨ 王利器校注:《盐铁论校注》卷6,第479页。

有市场。汉高祖刘邦定都长安，他父亲思念家乡要回去，高祖给父亲在长安新修的丰县就有市场，"太上皇思欲归丰，高祖乃更筑城寺市里如丰县，号曰新丰，徙丰民以充实之"①。东汉后期的王符说："天下百郡千县，市邑万数。"② 20世纪五六十年代，四川出土了三件东汉市井画像砖，生动再现了东汉市井的部分场景。广汉县出土的市井图砖：左边是门垣，上有隶书题记"东市门"。门内侧有一灶台，灶上有釜炊之器。一人在灶前操作，并回首与人呼应。中间和上端有六人分为三组，相对交易。右边有市楼，楼顶栖一朱雀。楼上悬大鼓，楼下二人相对而坐，其右一人头戴高冠，似为官吏。其上有隶书题记"市偻（楼）"二字。彭县出土的市井图砖：左边的市门出现部分，右上有一市宅，内坐一个人，面向外，其下一人，与之相对。再右一人，手提一物，向市楼行走。右边是市楼，楼上悬鼓。新繁出土的市井图砖：四周市墙围绕，三方设门。左边市门内隶书题记"东市门"三字。市内有隧，中间如十字形。中央有五脊重檐市楼一座，楼上悬鼓，楼下正中开门。四隧人物多起。隧的两侧为列肆，共四个贸易区，每区的肆有三至四列，如长廊式建筑。③画像砖基本上展示了秦汉市井的布局风貌，四周围墙，有市楼，有悬鼓，有隧，有列市，有交易的民众。东汉中后期，弃农经商的现象非常普遍，"今举世舍农桑，趋商贾，牛马车舆，填塞道路，游手为巧，充盈都邑。治本者少，浮食者众"④。论者尽管有夸张的成分，但是也说明商品经济对农业冲击比较大，经营商业的民众在不断增多。

3. 货币使用频繁

秦朝建立后，统一货币。汉承秦制，以黄金为上币、铜钱为下币。西汉颁行五铢钱后，铸币的规模相当庞大，史载："孝武元狩五年三官初铸五铢钱，至平帝元始中，成钱二百八十亿万余云。"⑤秦汉时期，货币成为广大民众的生活必需品，日常生活开销、社会交往以及向国家缴纳赋税等方方面面，都离不开货币。例如，黑夫与惊通过书牍向家里要钱置办衣物；受催促子丽赶

---

① 《汉书》卷1下《高祖纪》注，第72页。
② （汉）王符著，（清）汪继培笺，彭铎校正：《潜夫论笺校正》卷3，第120页。
③ 刘志远：《汉代市井考——说东汉市井画像砖》，《考古》1973年第3期，第52页。
④ （汉）王符著，（清）汪继培笺，彭铎校正：《潜伏论笺校正》卷3，第120页。
⑤ 《汉书》卷24下《食货志》，第1177页。

快卖掉木材，并付给子丽一笔酬金；郭营尉寄钱二百给子方买鞭子；杜林回赠五万给马援以感谢赠马之情；等等。在秦汉民众的日常生活中，迎来送往、贺生送死等日常社交活动一般使用货币。例如，刘邦到吕公家庆贺，虽然不曾拿出一分钱，但按常理应该是和别人一样送钱的。邹长倩在送公孙弘到京城长安时，是赠送几件物品并赋予礼物以特殊的含义，主要是因为他家境困难，难以拿出赠金。出行送钱的现象比较普遍，如《汉书·萧何传》载："高祖以吏徭咸阳，吏皆送奉钱三，何独以五。"① 尹湾汉墓八号木牍正面第一栏是墓主人师饶去长安时，四人赠送的礼金千钱的记录。汉代少吏薪俸微薄，仅靠薪俸很难维持日常的各种支出，需要依靠市场或者其他途径活动；一般民众没有俸禄，所有家庭中必要的金钱开支必须通过市场商品交换获得。

4. 雇佣关系日益发展

《夏君壮与少平记》的书牍中提到夏君壮委托子阳到居延去做一桩鱼的生意，子阳及其所雇的将车人得到一定的报酬。受《与子丽书》中子丽曾经许诺帮助受做成木材生意，现在到了木材价格上涨的时候，受即催促子丽赶快卖掉。书牍中提到受要付给子丽一笔酬金。民众通过参与市场劳动取得报酬，以供应生活必需，这也是秦汉社会经济生活中的重要组成部分。秦朝时，年轻的陈涉曾经受雇于人进行耕作："辍耕之垄上，怅恨久之，曰：'苟富贵，无相忘。'庸者笑而应曰：'若为庸耕，何富贵也？'"② 可见与陈涉一起受雇佣的是一个群体。两汉时期，佣耕关系很常见，如"儿宽，千乘人也……以郡国选诣博士，受业孔安国。贫无资用，当为弟子都养。时行赁作，带经而锄，休息辄读诵，其精如此"③。光武帝刘秀就读太学时，曾经与同宿舍的韩生合资买驴以出租，补贴学习费用。第五访"少孤贫，常佣耕以养兄嫂"④。章帝曾下诏："令郡国募人无田欲徙它界就肥饶者，恣听之。到在所，赐给公田，为雇耕佣，赁种饷，贳与田器，勿收租五岁，除算三年。"⑤

---

① 《汉书》卷39《萧何传》，第2005页。
② 《史记》卷48《陈涉世家》，第1949页。
③ 《汉书》卷58《儿宽传》，第2628页。
④ 《后汉书》卷76《循吏传》，第2475页。
⑤ 《后汉书》卷3《章帝纪》，第145页。

（二）秦汉商品经济发展的原因

1. 农业生产发展

春秋战国时期铁器牛耕在农业生产中的广泛应用极大提高了生产效率，三代时期的集体劳作逐渐被一家一户的小农经济代替。随着政治上王权衰微，诸侯争霸到兼并战争的发展，新兴地主阶级不断通过一系列变法适应社会政治、经济的发展，在政策上做出调整，使更多的民众投入农、林、牧、渔及工商业中。

秦汉时期，牛耕技术更为普遍。从考古所获西汉牛犁模型、牛耕壁画和犁铧实物等来看，西汉普遍使用所谓二牛抬杠的犁耕法。西汉中期以后出现了二牛一人的犁耕法。随着汉武帝以后大规模徙民边陲，牛耕技术传到西北。西汉初年，农民已有"深耕概种，立苗欲疏；非其种者，锄而去之"①的经验。西北人民则发明了代田法，武帝末年由赵过加以总结推广。代田法结合牛耕、施肥，在长安附近试验的结果，每亩产量比普通耕作方法增产一斛甚至二斛以上。农学家氾胜之在关中发明了区田法，提高了粮食单位面积的产量。

2. 手工业生产发展

手工业领域，冶铸技术更加成熟，郑州荥阳发掘的秦汉冶铁遗址中有两个炼炉，一号炉缸呈椭圆形，现存南北长轴4米，东西短轴2.7米。二号炉存留下部基础和炉前工作面基础连成凸字形，南北长9.2米，北宽2.6米、南宽3.75米。周围有九个大铁块，其中一号铁块、五号铁块重二十余吨，四号铁块重十五吨多。共出土铁器318件，其中有犁、犁铧、铲、锛等农具206件，此外还有凿、齿轮、矛等。②东汉初年，杜诗任南阳太守时发明了水排，利用水力激动机械轮轴带动鼓风囊，使皮囊不断伸缩，不停地给炉内加氧。在铸造技术上，叠铸技术普遍推广，韧性铸铁和铁范使用更为广泛，能冶炼炒钢、高碳钢，东汉时期出现了"百炼钢刀"。这一时期，我国纺织技术发展到一个高峰。缫车、纺车、络丝工具和脚踏斜织机广泛应用，多综多蹑织机已比较

---

① 《史记》卷 52《齐悼惠王世家》，第 2001 页。
② 郑州市博物馆：《郑州古荥镇汉代冶铁遗址发掘简报》，《文物》1978 年第 2 期，第 28~34 页。

完善，发明了束综提花机。在染色技术上，出现了多色套版印花，采用蜡印工艺，生产能力大大提高。齐郡以纺织业名闻天下，"号为冠带衣履天下"[①]。霍光妻贿赂淳于衍的丝织物有蒲桃锦、散花绫，精美的散花绫出自巨鹿陈宝光妻子："机用一百二十镊，六十日成一匹，匹值万钱。"[②]东汉纺织业的发展表现在丝织原料产地的扩大，蚕丝由原来的黄河流域扩大到巴蜀、江南和西北地区。东汉时期手工业生产最重要的成就是造纸业的发展。近年考古发掘证实，我国在西汉时期就已发明造纸术。1986年甘肃天水放马滩西汉文景时期的墓葬中出土了纸质地图。1990年汉代邮驿悬泉置出土了麻纤维纸，其中4件用墨写了文字。东汉和帝时期，宦官蔡伦总结前人经验，始用树皮、麻头、破布等造纸，价格低廉，质量优良，更适于书写，人们把这种纸称为"蔡侯纸"。由于蔡侯纸取材方便，工艺流程完备，纸张质量提升，成本下降，便于纸张的大规模生产和流通。

作为人际交往的工具，传世文献和出土材料中的书牍富含了秦汉社会方方面面的信息，是了解秦汉社会的一把钥匙。通过书牍，我们可以从一个视角去窥视雄浑开放、气势宏伟的秦汉王朝的时代风貌和民众生活。本书对书牍概念的界定舍弃了传统的依据文章的风格、体裁和式样的文体学定义的观点，强调书牍是致书人以个人的身份与他人交往的文书。对书牍认识视角的转换使我们发现，书牍不仅突破了空间距离的限制，在人们日常交往的领域广泛应用，还突破了尊卑贵贱的身份限制，进入非日常交往领域。书牍的功能不再局限于传递情感、交流信息，通过它，广大民众可以参政议政，可以干禄、立言、建构新的人际关系，实现礼仪交往。从书牍应用的领域中，我们不仅可以了解秦汉民众日常交往中书牍运用的状况，还可以了解秦汉民众积极参政议政的根源以及秦汉行政运作中所具有的理性精神，即既能保证社会民众意志的表达，同时又将之与行政行为分离。

承担人际交往中介的书牍，还负载了众多的社会信息，即使是一句寻常的寒暄、一件很普通的书写载体，都能让后人感受到那个时代的脉搏。第一，书牍载体"一尺牍"反映了秦汉制度致力于保障民众"齐民"身份的努力。第二，书牍示敬方式在秦汉各个时期的特点以及演变轨迹，反映出秦汉社会

---

① 《汉书》卷28下《地理志下》，第1660页。

② （汉）刘歆撰，（晋）葛洪集，向新阳、刘克任校注：《西京杂记校注》，第30页。

关系的变化。西汉到东汉中期书牍的示敬方式与东汉后期相比较，存在着形式由相对单一到逐步多样化的演变，此变化反映了秦汉社会关系中等级化逐步加强的特征。第三，书牍反映出秦汉民众强烈的政治社会参与意识、世俗化的情感追求、变化的信仰世界以及东汉后期士人退守的人生价值取向。第四，书牍反映出秦汉人际交往遵循礼仪交往的一些基本原则；金钱、物质在人际交往中起到重要的纽带作用；民众身份地位相对齐等以及使用书牍交往的社会规范等。第五，书牍反映出社会整体文化水平的提升、人口流动频繁以及商品经济发展等诸多信息。

与敦煌出土的唐代的种类繁多的书仪相比，秦汉书牍不仅格式简单而且应用范围相对较窄，但秦汉书牍所发挥的社会能量却不可低估。缇萦上书，文帝为之废肉刑；马援千里教诫兄子，名士杜季良名声受损；司马迁给任安书，透露《史记》写作的目的……书牍是秦汉民众建功立业、在社会政治中实现自己价值的工具，是在广阔社会生活中建构新的人际关系的手段。魏晋时期，门阀大族把持政权，广大社会民众被排斥在政治之外，书牍日益丧失其干禄功能，非日常领域中的上书在数量上萎缩。随着社会礼仪文化的发展、文学的繁荣、个人意识的觉醒，书牍向着更为广泛的社会生活和丰富细腻的人的情感世界拓展。

参考文献

一、文献典籍

（汉）班固撰：《汉书》，北京：中华书局，1962年。

（汉）蔡邕：《独断》，上海：上海古籍出版社，1990年。

（汉）崔寔原著，石声汉校注：《四民月令校注》，北京：中华书局，1965年。

（汉）刘歆撰，（晋）葛洪集，向新阳、刘克任校注：《西京杂记校注》，上海：上海古籍出版社，1991年。

（汉）司马迁撰：《史记》，北京：中华书局，1959年。

（汉）王充：《论衡》，上海：上海人民出版社，1974年。

（汉）王符著，（清）汪继培笺，彭铎校正：《潜夫论笺校正》，北京：中华书局，1985年。

（汉）应劭著，王利器校注：《风俗通义校注》，北京：中华书局，1981年。

（晋）陈寿撰：《三国志》，北京：中华书局，1982年。

（晋）王嘉撰，（梁）萧绮录，齐治平校注：《拾遗记》，北京：中华书局，1981年。

（南朝宋）范晔撰：《后汉书》，北京：中华书局，1965年。

（南朝梁）刘勰注，黄叔琳注，李详补注，杨明照校注拾遗：《增订文心雕龙校注》，北京：中华书局，2012年。

（南朝梁）萧统编，海荣、秦克标校：《文选》，上海：上海古籍出版社，1998年。

（北齐）颜之推撰：《颜氏家训》，上海：上海古籍出版社，1992年。

（唐）杜佑撰：《通典》，北京：中华书局，1988 年。

（唐）李林甫等撰，陈仲夫点校：《唐六典》，北京：中华书局，1992 年。

（唐）欧阳询撰，汪绍楹校：《艺文类聚》，上海：上海古籍出版社，1965 年。

（唐）虞世南编撰：《北堂书钞》，北京：中国书店，1989 年。

（宋）洪迈：《容斋随笔》，上海：上海古籍出版社，1978 年。

（宋）洪适撰：《隶释·隶续》，北京：中华书局，1985 年。

（宋）李昉等撰：《太平御览》，北京：中华书局，1960 年。

（宋）司马光撰：《资治通鉴》，北京：中华书局，1965 年。

（明）吴讷著，于北山校点：《文章辨体序说》，北京：人民文学出版社，1962 年。

（明）徐师曾著，罗根泽校点：《文体明辨序说》，北京：人民文学出版社，1962 年。

（清）段玉裁撰：《说文解字注》，北京，中华书局，2013 年。

（清）阮元校刻：《十三经注疏》，北京：中华书局，1980 年。

（清）孙星衍等辑，周天游点校：《汉官六种》，北京：中华书局，1990年。

（清）许同莘著，王毓、孔德兴校点：《公牍学史》，北京：档案出版社，1989 年。

（清）严可均辑，任雪芳审订：《全汉文》，北京：商务印书馆，1999 年。

（清）严可均辑，许振生审订：《全后汉文》，北京：商务印书馆，1999 年。

甘肃简牍保护研究中心、甘肃省文物考古研究所、甘肃省博物馆，等编：《肩水金关汉简》（壹），上海：中西书局，2011 年。

甘肃简牍保护研究中心、甘肃省文物考古研究所、甘肃省博物馆，等编：《肩水金关汉简》（贰），上海：中西书局，2012 年。

甘肃简牍博物馆、甘肃省文物考古研究所、甘肃省博物馆，等编：《肩水金关汉简》（叁），上海：中西书局，2013 年。

甘肃简牍博物馆、甘肃省文物考古研究所、甘肃省博物馆，等编：《肩水金关汉简》（肆），上海：中西书局，2015 年。

甘肃省文物考古研究所、甘肃省博物馆、文化部古文献研究室，等编：《居延新简：甲渠候官与第四燧》，北京：文物出版社，1990 年。

高文：《汉碑集释》，开封：河南大学出版社，1985 年。

胡平生、张德芳编撰：《敦煌悬泉汉简释粹》，上海：上海古籍出版社，2001年。

李均明、何双全编：《散见简牍合辑》，北京：文物出版社，1990年。

连云港市博物馆、东海县博物馆、中国社会科学院简帛研究中心，等编：《尹湾汉墓简牍》，北京：中华书局，1997年。

林梅村、李均明编：《疏勒河流域出土汉简》，北京：文物出版社，1984年。

罗新、叶炜：《新出土魏晋南北朝墓志疏证》，北京：中华书局，2016年。

睡虎地秦墓竹简整理小组编：《睡虎地秦墓竹简》，北京：文物出版社，1978年。

王利器校注：《盐铁论校注》，北京：中华书局，2015年。

魏坚主编：《额济纳汉简》，桂林：广西教育出版社，2005年。

吴礽骧、李永良、马建华释校：《敦煌汉简释文》，兰州：甘肃人民出版社，1991年。

谢桂华、李均明、朱国炤：《居延汉简释文合校》，北京：文物出版社，1987年。

张家山二四七号汉墓整理小组编著：《张家山汉墓竹简〔二四七号墓〕》，北京：文物出版社，2006年。

长沙市文物考古研究所、中国文物研究所编：《长沙东牌楼东汉简牍》，北京：文物出版社，2006年。

二、研究论著

安作璋、熊铁基：《秦汉官制史稿》（上、下），济南：齐鲁书社，1984年。

卜宪群：《秦汉官僚制度》，北京：社会科学出版社，2002年。

陈来：《古代思想文化的世界——春秋时代的宗教、伦理与社会思想》，北京：北京大学出版社，2017年。

陈直：《居延汉简研究》，北京：中华书局，2009年。

褚斌杰：《中国古代文体论概论》（增订本），北京：北京大学出版社，1990年。

崔向东：《汉代豪族研究》，武汉：崇文书局，2003年。

杜正胜：《编户齐民——传统政治社会结构之形成》，台北：联经出版社事业公司，1990年。

杜正胜：《古代社会与国家》，台北：允晨文化实业公司，1992年。

甘怀真：《皇权、礼仪与经典诠释：中国古代政治史研究》，上海：华东师范大学出版社，2008年。

甘肃省文物工作队、甘肃省博物馆编：《汉简研究文集》，兰州：甘肃人民出版社，1984年。

葛兆光：《古代中国文化讲义》，上海：复旦大学出版社，2016年。

葛兆光：《七世纪前中国的知识、思想与信仰世界》，上海：复旦大学出版社，1998年。

侯旭东：《北朝村民的生活世界——朝廷、州县与村里》，北京：商务印书馆，2005年。

胡平生、李天虹：《长江流域出土简牍与研究》，武汉：湖北教育出版社，2004年。

黄留珠：《秦汉仕进制度》，西安：西北大学出版社，1985年。

黄朴民：《天人合一——董仲舒与汉代儒学思潮》，长沙：岳麓书社，1999年。

黄涛：《中国民俗通志·民间语言志》，济南：山东教育出版社，2005年。

姬瑞环、张虹编著：《公文写作与处理》，北京：中国人民大学出版社，2005年。

姜维公：《汉代学制研究》，北京：中国文史出版社，2005年。

劳榦：《古代中国的历史与文化》（上、下），北京：中华书局，2006年。

雷戈：《秦汉之际的政治思想与皇权主义》，上海：上海古籍出版社，2006年。

李均明、刘军：《简牍文书学》，南宁：广西教育出版社，1999年。

李振宏：《居延汉简与汉代社会》，北京：中华书局，2003年。

连云港市博物馆、中国文物研究所编：《尹湾汉墓简牍综论》，北京：科学出版社，1999年。

梁漱溟：《中国文化要义》，上海：上海人民出版社，2011年。

林富士：《汉代的巫者》，台北：稻乡出版社，1999年。

林剑鸣、余华青、周天游，等：《秦汉社会文明》，西安：西北大学出版社，1985年。

柳诒徵编著：《中国文化史》，北京：中国大百科全书出版社，1988年。

马小虎：《魏晋以前个体"自我"的演变》，北京：中国人民大学出版社，2004年。

马新：《两汉乡村社会史》，济南：齐鲁书社，1997年。

彭卫、杨振红：《中国风俗通史·秦汉卷》，上海：上海文艺出版社，2002年。

蒲慕洲：《追寻一己之福——中国古代的信仰世界》，上海：上海古籍出版社，2007年。

孙家洲：《插图本中国古代思想史·秦汉卷》，南宁：广西人民出版社，2006年。

汪桂海：《汉代官文书制度》，南宁：广西教育出版社，1999年。

王国维原著，胡平生、马月华校注：《简牍检署考校注》，上海：上海古籍出版社，2004年。

王文锦译解：《礼记译解》，北京：中华书局，2001年。

王晓东：《日常交往与非日常交往》，北京：人民出版社，2005年。

王彦辉：《汉代豪民研究》，长春：东北师范大学出版社，2001年。

王子今：《秦汉社会史论考》，北京：商务印书馆，2006年。

吴丽娱：《唐礼摭遗——中古书仪研究》，北京：商务印书馆，2002年。

吴丽娱主编：《礼与中国古代社会》，北京：中国社会科学出版社，2016年。

严耕望撰：《中国地方行政制度史——秦汉地方行政制度》，上海：上海古籍出版社，2007年。

阎步克：《士大夫政治演生史稿》，北京：北京大学出版社，1996年。

阎云翔：《礼物的流动——一个中国村庄中的互惠原则与社会网络》，李放春、刘瑜译，上海：上海人民出版社，2000年。

杨宽：《古史新探》，北京：中华书局，1965年。

衣俊卿：《现代化与日常生活批判——人自身现代化的文化透视》，北京：人民出版社，2005年。

游汝杰：《中国文化语言学引论》，北京：高等教育出版社，1993年。

于迎春：《秦汉士史》，北京：北京大学出版社，2000年。

余英时：《士与中国文化》，上海：上海人民出版社，2003年。

袁庭栋：《古人称谓》，济南：山东画报出版社，2007年。

张小艳：《敦煌书仪语言研究》，北京：商务印书馆，2007年。

赵沛：《两汉宗族研究》，济南：山东大学出版社，2002年。

赵树功：《中国尺牍文学史》，石家庄：河北人民出版社，1999年。

周一良、赵和平：《唐五代书仪研究》，北京：中国社会科学出版社，1995年。

朱进国：《秦汉魏晋南北朝书信赏析》，银川：阳光出版社，2013年。

〔德〕哈贝马斯：《公共领域的结构转型》，曹卫东等译，上海：学林出版社，1999年。

〔日〕大庭脩：《汉简研究》，徐世虹译，桂林：广西师范大学出版社，2001年。

〔日〕西嶋定生：《中国古代帝国的形成与结构——二十等爵制研究》，武尚清译，北京：中华书局，2004年。

〔英〕J. G. 弗雷泽：《金枝——巫术与宗教之研究》，耿丽编译，重庆：重庆出版社，2017年。

三、参考论文

白芳：《论秦汉时期"臣"称谓的社会内涵》，《中山大学学报（社会科学版）》2003年第1期。

陈兰兰：《汉代简牍中的私文书发展特征研究》，《四川文物》2005年第4期。

邓绍基、李玫：《尺牍文略论》，《山西师大学报（社会科学版）》1997年第1期。

付强：《从试学童制看汉代的"尺牍"》，《首都师范大学学报》2004年增刊。

甘肃省文物考古研究所：《甘肃敦煌汉代悬泉置遗址发掘简报》，《文物》2000年第5期。

郭晓敏：《汉民俗中的语言崇拜现象之管窥》，《语文学刊》2007年第12期。

韩蕊：《文人尺牍的现代转型及其对文学创作的影响》，《北方论丛》2007年第1期。

胡平生：《简牍制度新探》，《文物》2003年第3期。

李乃龙：《千古悲辛俘虏歌——论李陵〈答苏武书〉有关诸问题》，《井冈山学院学报（哲学社会科学版）》2008年第5期。

李新科：《汉代书牍文研究综述》，《周口师范学院学报》2007年第3期。

梁满仓：《论秦汉魏晋南北朝书信的类别及其构成的变化》，《江海学刊》2014年第5期。

刘国斌：《〈答苏武书〉的几则证伪材料及其辨析》，《学习月刊》2008年第10期。

刘寒青：《释汉简中的"记"》，《烟台大学学报》2017年第3期。

刘太祥：《汉代游学之风》，《中国史研究》1998年第4期。

刘太祥：《论汉代政治参与机制》，《南都学坛》2008年第2期。

刘悦笛：《论哈贝马斯"生活世界"的意蕴》，《河北学刊》2002年第3期。

吕宗力：《汉代的流言与讹言》，《历史研究》2003年第2期。

马新、齐涛：《关于中国古代社会史研究中的几个问题》，《文史哲》2006年第4期。

彭卫：《秦汉时代精神风貌述论》，《天津社会科学》1990年第4期。

彭卫：《汉代"大丈夫"语汇考》，《人文杂志》1997年第5期。

史灿方：《试论巫术语言的形式力》，《重庆教育学院学报》2006年第2期。

史小军、梁娟：《古代书信体文论发展阶段初探》，《学术论坛》2005年第7期。

孙家洲：《论汉代执法思想中的理性因素》，《南都学坛》2005年第1期。

孙瑞、陈兰兰：《汉代简牍私文书所反映的几种社会现象》，《社会科学战线》2007年第2期。

天长市文物管理所、天长市博物馆：《安徽天长西汉墓发掘简报》，《文物》2006年第11期。

王会强：《论西汉初国家重构中的"孝"秩序观》，《重庆师范大学学报（哲学社会学科）》2005年第4期。

王琳：《李陵〈答苏武书〉的真伪》，《山东师范大学学报（人文社会科学版）》2006年第3期。

王世伟：《中国古代和近代的尺牍文献》，《文献季刊》2002年第1期。

王晓岗：《从魏晋时期文人书信看文的自觉》，《辽宁师专学报（社会科学版)》2003年第6期。

王子今：《两汉童蒙教育》，《史学集刊》2007年第3期。

吴丽娱：《中古书仪的型制变迁与社会转型》，《史学学刊》2005年第5期。

邢义田：《秦汉边塞吏卒的军中教育——读〈居延新简〉札记之三》，《简帛研究》（第二辑），北京：法律出版社，1996年。

阎续瑞：《汉代士大夫家训简论》，《求索》2006年第9期。

袁礼华：《论汉代的上书拜官》，《南昌大学学报（人文社会学科）》2006年第5期。

臧知非：《秦汉"傅籍"制度与社会结构的变迁——以张家山汉简〈二年律令〉为中心》，《人文杂志》2005年第1期。

张鹤泉：《东汉时代的游学风气及社会影响》，《求是学刊》1995年第2期。

章培恒、刘骏：《关于李陵〈与苏武诗〉及〈答苏武书〉的真伪问题》，《复旦大学学报》1998年第2期。

赵光怀：《"告御状"：汉代诣阙上诉制度》，《山东大学学报》2002年第1期。

赵光怀：《民间上书与汉代政治》，《求索》2005年第11期。

赵世超：《天人合一述论》，中国史学会、云南大学编：《21世纪中国历史学展望》，北京：中国社会科学出版社，2003年。

钟涛、王孔琳：《先唐书牍文论略》，《青海师范大学学报（社会科学版）》1996年第1期。

四、学位论文

柏秀叶：《汉魏六朝书信体散文论》，山东师范大学硕士学位论文，2001年。

陈兰兰：《汉代简牍中的私文书研究》，吉林大学硕士学位论文，2004年。

何志军：《汉代应用文文体形态略论》，中山大学博士学位论文，2003年。

李新科：《汉代私人书信研究》，北京师范大学硕士学位论文，2007年。

彭砺志：《尺牍书法：从形制到艺术》，吉林大学博士学位论文，2006年。

杨芬：《出土秦汉书信汇校集注》，武汉大学博士学位论文，2010年。

附录　从书信落款"顿首"看李陵《答苏武书》真伪

李陵《答苏武书》在《史记》《汉书》中均未收录，最早出现在梁代萧统的《文选》中：

> 子卿足下：勤宣令德，策名清时，荣问休畅，幸甚幸甚！远托异国，昔人所悲，望风怀想，能不依依！昔者不遗，远辱还答，慰诲勤勤，有逾骨肉。陵虽不敏，能不慨然！
>
> 自从初降，以至今日，身之穷困，独坐愁苦，终日无睹，但见异类。韦韝毳幕，以御风雨。膻肉酪浆，以充饥渴。举目言笑，谁与为欢？胡地玄冰，边土惨裂，但闻悲风萧条之声。凉秋九月，塞外草衰。夜不能寐，侧耳远听，胡笳互动，牧马悲鸣，吟啸成群，边声四起。晨坐听之，不觉泪下。嗟乎子卿！陵独何心，能不悲哉！与子别后，益复无聊。上念老母，临年被戮；妻子无辜，并为鲸鲵。身负国恩，为世所悲。子归受荣，我留受辱，命也如何！身出礼义之乡，而入无知之俗，违弃君亲之恩，长为蛮夷之域，伤已！令先君之嗣，更成戎狄之族，又自悲矣！功大罪小，不蒙明察，孤负陵心，区区之意，每一念至，忽然忘生。陵不难刺心以自明，刎颈以见志，愿国家于我已矣。杀身无益，适足增羞，故每攘臂忍辱，辄复苟活。左右之人，见陵如此，以为不入耳之欢，来相劝勉。异方之乐，只令人悲，增忉怛耳。嗟乎子卿！人之相知，贵相知心，前书仓卒，未尽所怀，故复略而言之。
>
> ……

> 嗟乎子卿！夫复何言！相去万里，人绝路殊。生为别世之人，死为异域之鬼，长与足下生死辞矣！幸谢故人，勉事圣君。足下胤子无恙，勿以为念，努力自爱。时因北风，复惠德音。李陵顿首。①

继南朝宋颜延之提出李陵之作为假托之说，之后唐代的刘知己、宋代的苏轼、清人浦起龙等接踵其后视之为后世拟托之作。五四运动以后，疑古思潮风行，更多的学者对其真实性进行否认，影响所及，中华人民共和国成立后写的《中国文学史》基本上都不予承认。近年来，一些学者纷纷撰文对这一观点进行拨正，如章培恒、刘骏指出，判定它为后人拟作或假托的证据都不能成立。仅凭文章风格确认作品年代是靠不住的。《答苏武书》中的多用四字句、骈偶成分的现象在西汉其他文章中也存在。②刘国斌认为，历来认为李陵《答苏武书》是伪作的说法均不成立。就文风而言，李陵离开西京正值文辞灿烂的时代，行文当然沾染了西京文风；就作伪时期而言，魏晋南北朝时期、东汉末年以及班固时代均不具备《答苏武书》的作伪土壤；同时，不能以班固《汉书》不保存这篇文章为理由来认定它是伪作。唐初修史之风引发的史学评论、古籍整理和古典辨伪，过分地依赖早期史籍经典，带有明显的辨伪扩大化倾向。③李乃龙否定了历代伪托者提出的理由，指出司马迁曾因评议李陵其人而罹祸，其后再无人为李陵置一词。从忠孝的取舍与尴尬角度分析李陵降胡的原因。④丁宏武从书牍的文本内容及其隐含的历史信息入手，认为《答苏武书》应该是李陵作于汉昭帝始元六年（前81年）的作品。⑤当然，也有学者支持以往的论断。王琳从西汉书牍的语言风格、书牍作品借助写景以抒情艺术手法的运用等方面考证，认为此书是伪书，并进一步指出该书为

---

① （梁）萧统编，海荣、秦克标校：《文选》卷41，第331~333页。
② 章培恒、刘骏：《关于李陵〈与苏武诗〉及〈答苏武书〉的真伪问题》，《复旦大学学报》1998年第2期，第76~77页。
③ 刘国斌：《关于李陵〈答苏武书〉的讨论与判断》，《湖北师范学院学报（哲学社会科学版）》2011年第5期，第110~112页。
④ 李乃龙：《千古悲辛俘虏歌——论李陵〈答苏武书〉有关诸问题》，《井冈山学院学报（哲学社会科学版）》2008年第5期，第48~53页。
⑤ 丁宏武：《李陵〈答苏武书〉真伪再探讨》，《宁夏大学学报（人文社会科学版）》2012年第2期，第47~53页。

汉末魏晋人拟托之作。①

　　围绕文章风格、李陵的身份以及书牍中相关史料等的争论，由于资料匮乏，孰是孰非很难断定，不过依然有接近真相的路径可以探索。鱼雁传书已是秦汉民众广泛使用的人际交往手段，传世文献中保存的书牍大多是节选，时人习以为常的固定格式、习惯用语多被省略，因此很难窥其原貌。20世纪以来出土的秦汉简牍中保存了大量当时的书牍文本，弥补了这一缺憾。传世文献与出土文物中材料相结合，秦汉书牍形制即书牍物质制作样式、书写格式和格式语言等具有的共性特征是显而易见的。本书认为《答苏武书》落款以"顿首"为具礼，不符合李陵所处时代书牍的写作规范，倾向于认为《答苏武书》是伪作。

　　《答苏武书》上款"子卿足下"与其他书牍一致。而下款的"李陵顿首"与同时期的简牍资料中书牍格式语言不一致。

　　根据表4-2中的简牍以及前面所引用的安徽天长汉简、敦煌悬泉置汉简可知，西汉到东汉中期书信格式语言写作具有以下一些特征：①格式基本固定，并且应在全国范围内通用。因为无论内地如安徽天长，还是边地的居延、敦煌地区的汉简，其书写格式基本一致。②格式语言基本固定。上款一般包括致书人的称谓、具礼、启事语、受书人称谓。在保存完整的书牍中基本都有上、下款，其具礼方式与上款保持一致。③具礼中使用的拜礼或为"伏地再拜"，或为"叩头"。陈直先生对居延汉简书牍行文格式进行分析后认为："从上列四种形式分析，以某伏地再拜，或某伏地再拜请一种最为普遍，敦煌简亦然，知为西汉中晚期书牍之通例，为汉代古籍所未详。坐前及上叩大安，已与后代之称阁下及书尾问安之习惯相似。"②居延、敦煌简牍中有大量"伏地再拜""叩头"等字样的练字简，可见这是人们日常文字交往中常用到的词语。④简牍书牍中无论受书人社会地位、性别有何差别，格式语言均基本一致。《文选》所载司马迁《报任安书》的上款"太史公牛马走司马迁再拜言，少卿足下"和下款"谨再拜"③中的具礼形式与同时代其他书牍相一致。

---

① 王琳：《李陵〈答苏武书〉的真伪》，《山东师范大学（人文社会科学版）》2006年第3期，第9～13页。论文对从南朝宋到清朝士人关于《答苏武书》为拟托之作的观点进行了系统梳理。
② 陈直：《居延汉简研究》，第152页。
③ （梁）萧统编，海荣、秦克标校：《文选》卷41，第333、337页。

以上材料中均不见"顿首"字样,它在书牍中的使用出现在东汉后期。长沙东牌楼 J7 古井中出土的书牍有 47 件的具礼方式发生了变化,不再像之前较为整齐划一,而是呈现出差别化的特征:有些没有具礼,有些是礼敬程度较轻的"再拜""犹再拜",有些是礼敬隆重的"顿首"。魏晋时期的楼兰、尼雅简牍的书牍明显地承袭了东汉后期书牍的写作格式,具礼有"再拜""顿首",启事用语多为"白""惶恐白""言",尊称有侍者、坐前等,说明东牌楼书牍的格式语言特征并非局限在长沙一隅,而是具有时代共性特征的。

根据以上材料,到东汉后期,书牍的格式语言发生了很大的变化,这一变化不早于东汉中期,因为敦煌、居延汉简中还没有任何的迹象。"顿首"出现在东汉中期以后,与秦汉思想文化、社会结构特征等因素演变的结果相一致。

首先,"顿首"礼仪出现在社交文书中,是东汉以来儒学提倡的礼乐仪式文化向社会下层传播的结果。"顿首"属于周礼中"九拜"礼之一,《周礼·大祝》载:"辨九拜:一曰稽首,二曰顿首,三曰空首,四曰振动,五曰吉拜,六曰凶拜,七曰奇拜,八曰褒拜,九曰肃拜,以享、右祭祀。"郑玄注曰:"稽首,拜头至地也。顿首,拜头叩地也。空首,拜头至手,所谓拜手也。"① 其是以姿态语言的繁复程度不同而象征的对受拜人的礼敬轻重,体现出尊卑有等、贵贱有序的人伦秩序,"顿首"为其中表示礼敬隆重的仪式。春秋战国的社会变革摧垮了周代礼制文化的经济、政治、社会基础,出现礼崩乐坏的局面,但是作为隆重的拜谢仪式,"顿首"在一些社交场合中依然保存下来。臣民拜见皇帝要行"顿首"之礼:"二世下诏,增始皇寝庙牺牲及山川百祀之礼。令群臣议尊始皇庙。群臣皆顿首言曰。"② 人际交往中特殊场合也使用"顿首"之礼表示拜谢或请罪。如吕不韦为子楚献上争立嗣子之计,子楚感谢万分,"乃顿首曰:'必如君策,请得分秦国与君共之'"③。文帝时,丞相申屠嘉要杀邓通,"通至丞相府,免冠,徒跣,顿首谢"④。

从秦到西汉,礼乐制度恢复建设非常有限且粗糙。"至秦有天下,悉内六

---

① (唐)贾公彦:《周礼注疏》卷 25,(清)阮元校刻:《十三经注疏》,第 1749~1750 页。
② 《史记》卷 6《秦始皇本纪》,第 266 页。
③ 《史记》卷 85《吕不韦列传》,第 2506 页。
④ 《史记》卷 96《张丞相列传》,第 2683 页。

国礼仪,采择其善,虽不合圣制,其尊君抑臣,朝廷济济,依古以来。"①西汉建立,秦朝礼仪被叔孙通进献给高祖刘邦,确定为汉制。文景时期在礼仪制度建设上基本没有建树,"孝文即位,有司议欲定仪礼,孝文好道家之学,以为繁礼饰貌,无益于治,躬化谓何耳,故罢去之。孝景时,御史大夫晁错明于世务刑名,数干谏孝景曰:'诸侯藩辅,臣子一例,古今之制也。今大国专治异政,不禀京师,恐不可传后。'孝景用其计,而六国畔逆,以错首名,天子诛错以解难。事在袁盎语中。是后官者养交安禄而已,莫敢复议"②。汉武帝初即位时锐意改革制礼作乐,但终因种种原因未能实现,"至武帝即位,进用英隽,议立明堂,制礼服,以兴太平,会窦太后好黄老言,不说儒术,其事又废"③。

依照汉初制定的君臣礼仪,臣民要向皇帝行"顿首"之礼。在章奏文书中,有时"顿首"作为书面的行文出现,如汉元帝时司隶校尉诸葛丰上书曰:"臣丰顿首幸甚。臣窃不胜愤懑,愿赐清宴,唯陛下裁幸。"④但是它并未被纳入规范化的上下款格式化的用语中。臣下给皇帝的奏章的格式化语言使用"昧死再拜""昧死言",下款与上款相同。《史记·三王世家》载有朝廷大臣奏请册封皇子的完整奏书,其起首、结束的格式语言为:"大司马臣去病昧死再拜上疏皇帝陛下……臣去病昧死再拜以闻皇帝陛下";"丞相臣青翟、御史大夫臣汤、太常臣充、大行令臣息、太子少傅臣安行宗正事昧死上言……昧死请所立国名";"丞相臣青翟、御史大夫臣汤昧死言";"丞相臣青翟、太仆臣贺、行御史大夫事太常臣充、太子少傅臣安行宗正事昧死言"。⑤地下出土的简牍文书与此一致,武威出土的《王杖诏书令》有成帝时公乘广的奏书,起首语"长安敬上里公乘臣广昧死上书",结束语"臣广昧死再拜以闻皇帝陛下"。⑥《汉书·霍光传》中霍光与群臣奏请废除昌邑王的奏章明显地体现出"顿首"在章奏文书中的位置和作用:"丞相臣敞、大司马大将军臣光……太中大夫臣德、臣印昧死言皇太后陛下:臣敞等顿首死罪。"⑦它不是脱离实际

---

① 《史记》卷23《礼书》,第1159页。
② 《史记》卷23《礼书》,第1160页。
③ 《汉书》卷22《礼乐志》,第1031页。
④ 《汉书》卷77《诸葛丰传》,第3249页。
⑤ 《史记》卷60《三王世家》,第2105~2110页。
⑥ 李均明、何双全编:《散见简牍合辑》,北京:文物出版社,1990年,第16~17页。
⑦ 《汉书》卷68《霍光传》,第2939~2940页。

的纯粹书面格式用语，而是行文所需的内容而已。

西汉末年王莽篡汉，慕古改制，把章奏文书中的上下款格式用语改换。蔡邕在《独断》中说："王莽盗位，慕古法，去昧死，曰稽首。光武因而不改。"①东汉的章奏文书格式如下："凡群臣上书于天子者有四名，一曰章，二曰奏，三曰表，四曰驳议。章者需头，称稽首，上书谢恩陈事诣阙通者也。奏者亦需头，其京师官但言稽首，下言稽首以闻。其中者所请，若罪法劾案公府送御史台，公卿校尉送谒者台也。表者不需头，上言臣某言，下言臣某，诚惶诚恐，稽首顿首，死罪死罪，左方下附曰某官臣某甲上。"②保存下来的史料给予了印证。记录东汉桓帝元嘉年间司徒吴雄、司空赵戒上书的《孔庙置守庙百石孔和碑》载："司徒臣雄、司空臣戒稽首言……臣雄、臣戒愚憨诚惶诚恐顿首顿首死罪死罪臣稽首以闻。"③蔡邕戍边时上书起首语为"朔方髡钳徒臣邕稽首再拜上书皇帝陛下"，结语为"臣顿首死罪稽首再拜以闻"。④根据《鲁相史晨祠孔庙奏铭》《无极山碑》碑刻可知，东汉时官员给尚书的公务文书中，上款下款使用"顿首"。章奏文书中的尊贵等级开始体现并细化。

西汉时期，上奏皇帝的章奏文书中尚未使用"顿首"作上下款格式用语，更别说未经礼乐文化教化的民间社会。儒家思想在汉武帝独尊儒术以后，其提倡的礼乐文化逐渐渗透到秦汉政治社会的方方面面还需一定的时间。"稽首""顿首"古礼在王莽提倡后在东汉章奏中成为定式，之后随着儒学对民间社会的浸染，逐渐下移民间社会，大概在东汉中后期成为民众书牍中的具礼方式。这样的过程与文化发展的轨迹相一致，同时得到长沙东牌楼简牍书牍资料的印证。

其次，西汉到东汉，社会特点由民众身份地位"齐等"、社会阶层垂直流动频繁到贵贱分层、垂直流动固化的演变，影响到书牍具礼方式等差化特征。

战国秦汉之际，社会的变革摧毁了西周以来的宗法社会结构。秦及汉初的一系列政治经济政策使得广大民众享有一定政治权利和经济利益，拥有了相对"平等"的"齐民"身份。杜正胜指出："户口备于版籍，藏之官府，举凡天地之大，几乎没有漏网之鱼。在封建制转化为郡县制的过程中，新政府

---

① （汉）蔡邕：《独断》卷上，第4页。
② （汉）蔡邕：《独断》卷上，第4页。
③ （宋）洪适撰：《隶释·隶续》卷1，第18页。
④ （清）严可均辑，许振生审订：《全后汉文》卷70，第720～721页。

有了新的社会基础,那就是编户齐民。"①"齐民""编户齐民"的词语经常见于汉人的著作中,《史记·平准书》中注"齐民"曰:"齐等无有贵贱,故谓之齐民。若今言'平民'矣。"②广大民众在被剥削的同时,在社会政治生活中还拥有平等的上书参政议政、接受教育、进身仕途等一系列的权利。

民众不仅拥有在皇权面前一律齐等的身份特征,而且因统治集团向全社会开放,还拥有提升身份的均等机会。才学、德行、军功、口辩、告奸、美色、姻亲等都可以成为通往荣华富贵的敲门砖。武帝时不拘一格选拔人才,"卜式拔于刍牧,弘羊擢于贾竖,卫青奋于奴仆,日䃅出于降虏,斯亦曩时版筑饭牛之朋已"③。成帝时,翟方进"失父孤学,给事太守府为小史"④,后位至丞相;朱博"家贫,少时给事县为亭长"⑤,后迁刺史、太守、大司农。这些现象是"朝为田舍郎,暮登天子堂"的最好注解。西汉民众身份平等、机会均等特点体现在社会交往的书牍中,就是书牍的上款下款的称谓、具礼格式固定统一,充满了对受书人的礼敬之情。上款的称谓为致书人名、受书人的字、提称(以"足下"为多),具礼是"伏地再拜"或"叩头",从礼敬程度几乎相同的格式用语中根本不能判定对方尊卑贵贱的身份特征。也就是说,每一个人在书牍往来中,都是受人礼敬的对象,没有身份高低之分。

然而,从西汉后期到东汉,社会结构悄然发生了变化:"两汉时期,社会结构的特征表现为从汉初的平民社会逐步随着豪族势力的宗族化进程而渐次向宗族社会演变并由豪族宗族阶层构成汉代宗族社会结构的上层。"⑥豪族是秦汉社会结构中的一个重要阶层,中外学者有大量相关的论述。本书引用崔向东博士的研究成果,对秦汉社会结构的变化作描述:秦汉社会结构中豪族的发展是动态的过程。汉武帝接受董仲舒的建议,"罢黜百家,表彰六经",通经入仕成为与权力结合的最直接的途径,人们只有与权力结合或向权力靠拢才能获得最大的利益和保证自己的利益不被侵犯。同时,王权也通过这一途径,把社会势力吸引到权力体系中来,化解社会势力的矛盾。西汉后期,"原

---

① 杜正胜:《编户齐民——传统政治社会结构之形成》,第34页。
② 《史记》卷30《平准书》如淳《集解》注,第1417页。
③ 《汉书》卷58《儿宽传》,第2633页。
④ 《汉书》卷84《翟方进传》,第3411页。
⑤ 《汉书》卷83《朱博传》,第3398页。
⑥ 赵沛:《两汉宗族研究》,第274页。

来游离于王权秩序之外的社会势力渐渐被融入到王权秩序中,由与国家政权相对抗而转为合作。这样,一个以官僚身份为主要特征的地主、官僚、士人等多位一体的豪族阶层便形成了"①。西汉后期豪族还只是个别现象,东汉具有大地产性、官僚性和世官性、地方性、经学化、武装性、宗族性等多重特征的豪族成为国家权力的基础。东汉中期以后,豪族与地方、中央权力结合日益密切并迅速发展,通过出任郡县官吏掾史、乡三老、里父老实现对基层社会的控制并显示本阶层的实力。

豪族的出现,不仅改变了皇权面前人人齐等的身份特征,而且也阻碍了社会阶层的垂直流动,社会阶层趋于固化,民众社会身份高低差次在东汉中后期明显起来。它反映在人们日常交往的书牍中,就是对受书人示敬方式出现了多元化、等差化的特征。伴随着儒家礼乐文化的下移,"顿首"这一象征着双方身份等级差别、示敬程度隆重的礼仪,成为书牍中轻重有等的具礼方式中的重要一维。

由于汉代史料以及李陵、苏武的故事可以通过文献资料流传后世,李陵写给苏武的书牍内容、人物的内在情感非常可能被后世的人出于某种原因而作伪书写。然而,西汉时期承载文化的载体——简牍因多种原因到魏晋时人们很难寻觅其踪迹,使得后人难以知晓传世文献中已被删削部分的具体内容和其传递的文化信息。将出土文物与传世文献相结合,我们发现秦汉书牍文体已经十分成熟,其书写载体的制作、书写格式和格式语言等有鲜明的共性特征,并且随着社会政治、经济、思想文化和社会生活的演变,两汉书牍中的格式语言有一定变化。西汉时期,因书写载体制作、传递途径、传递方式等制约,书牍具有篇幅简短的共性特征,洋洋洒洒一千多言的《答苏武书》显然违背了这一共性特征。如果篇幅的问题还可以用特例来解释的话,其下款出现"顿首"则与西汉时期出土简牍材料、秦汉思想文化及社会结构的演进路线不符合。根据以上分析,笔者认为《答苏武书》是西汉时期作品的可能性不大,因此倾向性认为,它不是李陵所作。

---

① 崔向东:《汉代豪族研究》,第 124~125 页。